U0109670

中國倫理思想研究文叢

二編

王澤應 主編

第3冊

中國傳統建築倫理思想研究

胡 勤 著

花木蘭文化出版社

國家圖書館出版品預行編目資料

中國傳統建築倫理思想研究／胡勤 著 -- 初版 -- 新北市：花木蘭文化出版社，2014〔民 103〕

目 4+174 面；19×26 公分

(中國倫理思想研究文叢 二編；第 3 冊)

ISBN：978-986-322-752-6(精裝)

1.建築 2.專業倫理 3.中國

190.9208　　103012563

中國倫理思想研究文叢

二 編 第 三 冊　　ISBN：978-986-322-752-6

中國傳統建築倫理思想研究

作　　者　胡　勤
主　　編　王澤應
總 編 輯　杜潔祥
副總編輯　楊嘉樂
編　　輯　許郁翎
出　　版　花木蘭文化出版社
負 責 人　高小娟
聯絡地址　新北市中和區中安街七二號十三樓
　　　　　電話：02-2923-1455／傳真：02-2923-1452
網　　址　http://www.huamulan.tw 信箱 hml 810518@gmail.com
印　　刷　普羅文化出版廣告事業
初　　版　2014 年 9 月
定　　價　二編 5 冊（精裝）新台幣 9,000 元

中國傳統建築倫理思想研究

胡　勤　著

作者簡介

胡勤，女，湖南雙峰人，文學碩士，哲學博士。喜研傳統文化中美物的史傳源流，曾著《湘繡溯源》，主編《藝術設計史》，撰寫《中國傳統建築倫理思想基本特點探微》《簡論隋唐道德生活的特點》等論文。中國營造之美，浩瀚精深，然其研習論著距之甚遠，筆者惶恐，拙作雖竭心智，但囿於學識，誠不堪示諸人，若能以此投礫引珠，亦未虛度伏案碼字的霜寒露暑矣。

提　要

建築作爲社會活動和社會文化的空間載體，無論是在西方還是在中國，其活動都存在著倫理問題。不僅涉及到建築本身，而且涉及到建築與文化（民族的、傳統的、地方的）、建築與社會、建築與環境、建築與利益等之間的關係問題。不斷反思和規劃建築活動的過程，對建築的正確發展是極其重要的。這些問題需要眾多學者從不同角度、不同視點、不同層面及深度進行研究和回答，尤其需要建築倫理的研究者從哲學的高度進行探討。

儒家的倫理道德貫穿於中國社會兩千年之久，影響著中國社會的方方面面，在這種背景下，建築空間精神功能的初始立意就是爲了「助人倫、成教化、明陰陽」。宮殿宅室被認爲是「陰陽之樞紐，人倫之軌模」，所以，中國古代從宮殿到民宅無不打下了深深的倫理烙印，中國傳統建築在很多情況下是中國封建倫理的表述工具。「禮」教是中國封建社會的核心價值目標，而「天人合一」的設計理念又是中國封建帝王與建築設計師們想達到的理想境界，這二者都源于中國傳統的儒家倫理思想，在強調封建禮教的同時體現了人與自然的和諧統一，這一思想是我國傳統城市和建築文化的思想精髓。中國所擁有的豐富多彩的文化，無論是其優點長處還是其弊端所在，都是從長久的歷史生活中累積起來的，並將在未來深刻影響我們民族文化進一步發展的方向和格局，這種歷史和現實、歷史與未來的關係，是無法割裂的。

目次

緒　論 1
第一章　建築及其倫理蘊涵 5
1.1 中國傳統建築的起源與發展 6
1.1.1 建築的起源 6
1.1.2 建築的發展 7
1.2 建築與倫理 9
1.2.1 建築的文化功能 10
1.2.2 建築的倫理基礎 12
1.2.3 建築的道德因素 14
1.3 建築倫理的蘊涵 15
1.3.1 建築倫理的結構 16
1.3.2 建築倫理的功能 18
1.3.3 建築倫理的特點 20
第二章　中國傳統建築倫理思想的理論探究 23
2.1 中國傳統建築倫理思想的理論基礎 23
2.1.1 原初意識 24
2.1.2 風水堪輿 27
2.1.3 儒家文化 31
2.1.4 道家文化 33
2.1.5 佛教文化 35

2.2 中國傳統建築倫理思想的基本內涵 38
2.2.1 禮樂制度——森嚴等級 38
2.2.2 意境追求——天人合一 43
2.2.3 擇宜居處——返樸歸眞 47
2.2.4 院落組群——合而有序 49
2.3 中國傳統建築倫理思想的基本特點 51
2.3.1 土木之功——生命輪迴之觀念 51
2.3.2 輪廓規制——中正和諧之審美 55
2.3.3 建築之術——道德觀念之制裁 58
第三章 中西方傳統建築及其倫理思想比較 61
3.1 中西方傳統建築的異同 61
3.1.1 中西方傳統建築形式的異同 61
3.1.2 中西方傳統建築格局的異同 64
3.1.3 中西方傳統建築材料的異同 65
3.1.4 中西方傳統建築發展的異同 68
3.1.5 中西方傳統建築價值的異同 70
3.2 中西方傳統建築倫理思想的比較 71
3.2.1 祖宗崇拜和上帝至上 71
3.2.2 天人合一與天人相分 74
3.2.3 禮樂與邏輯 76
3.2.4 保守與開放 77
3.3 近現代中西文化融合的建築個案分析 78
3.3.1 貴陽市天主堂個案分析 79
3.3.2 南京大學金陵園個案分析 80
3.3.3 英國布萊頓皇家穹頂宮（英皇閣）個案分析 81
第四章 中國傳統建築的倫理內核——禮的維護 85
4.1 中國傳統建築規劃佈局之禮 85
4.1.1 宏觀：城市、聚落的等級和城市內各居住區的等級 85
4.1.2 中觀：建築住居空間規模、體量的等級和秩序化 90
4.1.3 微觀：門及其它小品的規格等級與倫理內涵 93
4.2 中國傳統建築結構之禮 98

4.2.1 形制：威儀空間的塑造 …… 98
4.2.2 材制：道德權威的塑造 …… 107
4.2.3 數制：等級差別的塑造 …… 109
4.3 中國傳統建築裝飾之禮 …… 115
4.3.1 裝飾之倫理功能 …… 115
4.3.2 中國傳統建築裝飾色彩之禮 …… 116
4.3.3 中國傳統建築的彩繪與雕飾之禮 …… 118
第五章　中國傳統建築倫理思想的價值追求——天地人合一 …… 123
5.1 「天地人合一」的時空觀 …… 124
5.1.1 「中國」觀 …… 124
5.1.2 建築即宇宙 …… 125
5.1.3 傳統星象觀 …… 128
5.1 「天地人合一」的時空觀 …… 130
5.2.1 風水 …… 131
5.2.2 天人合一 …… 135
5.2.3 「雖由人作宛自天開」的園林藝術 …… 137
5.3 「天人和合」的審美觀 …… 140
第六章　中國傳統建築倫理思想總評 …… 143
6.1 中國傳統建築倫理思想的理論特色及其局限性 …… 143
6.1.1 中國傳統建築倫理思想的理論特色 …… 143
6.1.2 中國傳統建築倫理思想的局限性 …… 149
6.2 中國傳統建築倫理思想在當代建築實踐中的現實價值 …… 151
6.2.1 中國當代建築實踐之倫理缺失 …… 151
6.2.2 中國傳統建築倫理思想對當代建築實踐的啓示 …… 153
6.3 中國傳統建築倫理思想的繼承與創新 …… 156
6.3.1 中國傳統建築倫理思想的繼承與創新 …… 156
6.3.2 繼承與創新時應該注意的問題 …… 160
結　語 …… 163
參考文獻 …… 165
圖片來源 …… 171

緒論

人不僅像在意識中那樣理智地複製自己，而且能動地、現實地復現自己，從而在她所創造的世界中直觀自己。〔註 1〕

——馬克思

中國的建築在幾千年的歷史發展過程中，不僅具有自己獨特的實用價值及審美價值，而且充分體現了中國傳統建築文化的思想內涵，同時也逐漸形成了其特有的倫理功能，展示了中國傳統社會的倫理價值觀念。然而，隨著時代的發展，中國傳統文化在全球化的過程中逐漸喪失了本土化的意蘊，許多遺留下來的傳統建築和文化及所蘊含的倫理思想在現代化的浪潮中消失得越來越快。我們只有深入挖掘並理解中國傳統建築文化深刻的內涵，繼承和弘揚民族傳統建築與民族精神，更好地吸收外來建築優點，借鑒國外建造技藝，融貫古今中西，豐富和發展民族傳統建築文化，才能打造我們自己時代建築的精品。這對搞好現代建築，必將有著重要的價值和意義。

建築環境作爲人類的最大造物之一，與人類的倫理價值有著緊密的關聯，在環境的營建過程中人類能動地將自己的理想和道德情懷再現於自己的設計和實踐成果中，同時生活在一定建築環境中的人，又無時無刻不受著環境的限制與影響。而中國城市建設的快速發展面臨著來自資源和環境等方面的壓力。特別是今天建築的發展正面臨著前所未有的困惑與難題：「不僅建築師已不能確定他們的發展方向以及他們所依賴過的指導方針，而且這種不確定性反映了關於我們應如何生活、哪裏會是我們的位置，以及建築應如何幫

〔註 1〕《馬克思恩格斯全集》（第四卷）〔M〕，北京：人民出版社，1972 年，第 97 頁。

助形成那種位置，如何去啓發，如何在那種意義上進行建造一種更深層的不確定性。」〔註 2〕所以從人的倫理價値體系出發，探討人類營建活動的意義、目的和手段，對建築理論開拓與發展具有重要理論意義。

建築作爲社會活動和社會文化的空間載體，無論是在西方還是在中國，在人類的建築活動中都存在著倫理問題。不僅涉及到建築本身，而且涉及到建築與文化（民族的、傳統的、地方的）、建築與社會、建築與自然環境、建築與利益等之間的關係問題。如此複雜的建築活動問題，並不是每個爲生存和發展奔波的普通建築師都有可能研究和回答的，不斷反思和規劃建築活動的過程對建築的正確發展是極其重要的。這些問題需要眾多學者從不同角度、不同視點、不同層面及深度進行研究和回答，尤其需要建築倫理研究從哲學的高度進行探討，從而提供根本性的答案。

中國是一個倫理大國，儒家的倫理道德貫穿於中國社會兩千年之久，影響著中國社會的方方面面，在這種背景下，建築空間精神功能的初始立意就是爲了「助人倫、成教化、明陰陽」。宮殿宅室被認爲是「陰陽之樞紐，人倫之軌模」，所以，中國古代從宮殿到民宅無不打下了深深的倫理烙印，中國傳統建築在很多情況下是中國封建倫理的表述工具。

「禮」教是中國封建社會的核心價值目標，而「天人合一」的設計理念又是中國封建帝王與建築設計師們想達到的理想境界，這兩種思想都源於中國傳統的儒家倫理思想，在強調封建禮教的同時體現了人與自然的和諧統一，這一思想是我國傳統城市和建築文化的思想精髓。

本研究具有很強的綜合性，既是研究「傳統倫理思想」，又要研究「傳統建築」，既要有理論探討，又要有實證研究，既要立足於現實，又要回溯歷史，還要展望未來。因此其研究方法也必然是多元化的，研究思路也是多條線索的綜合。

作者試圖通過對建築與文化、建築文化與倫理文化的關係及中西建築倫理的異同來探討中國傳統建築倫理思想，並概述中國古代建築倫理思想的發展史，包括現實背景、特點、影響及歷史軌迹，然後主要從中國古代建築所體現價値理念的理論來源加以分析，從中國古代建築倫理思想的核心目標、「天人合一」的理想境界、中國古代建築倫理意識形態進行詳細的探討，最

〔註 2〕（美）卡思藤·哈里斯，《建築的倫理功能》〔M〕，北京：華夏出版社，2001年，第 10 頁。

後做出客觀評價。

作者研究中國傳統建築的倫理思想，是為全面把握中華民族在數千年生存發展中物質和精神交相推引的過程，尤其是要著眼於傳統建築是在怎樣的文化環境中、在怎樣的倫理思想引導下形成、發展起來的，又如何外化於城市的、建築的、細部的等諸多層面，而其外化層面在自己的運行過程中又怎樣多渠道作用於民族精神的。考察傳統建築倫理思想形成發展的這一往復無窮的辯證歷程，方能獲得對中國傳統哲學觀和建築文化的深刻認識，以克服建築史學研究中曾經出現過的主體客體相分離——或者「見物不見人」，或者「見人不見物」的偏頗，方有可能走向「究天人之際，通古今之變」的深遠境界。中國所擁有的豐富多彩的文化，無論是其優點長處還是其弊端所在，都是從長久的歷史生活中累積起來的，並將在未來深刻影響我們民族文化進一步發展的方向和格局，這種歷史和現實、歷史與未來的關係，是無法割裂的。

第一章　建築及其倫理蘊涵

> 人類基地（site）或生活空間的問題，不僅是瞭解這個世界是否有足夠空間容納的問題——這顯然是個重要的問題，而且也是在一個既定情境中，瞭解人類元素之間親近關係、儲存、流動、製造與分享，以達成既定目標的問題。我們的世代是空間給我們的，是基地間的不同關係形成的世代。〔註1〕
>
> ——米歇爾．福柯〔註2〕

建築是人類活動的物質成果，是人類能力的一種物化，反映了人類內在的精神價值及其追求。因此，可以說，建築是人類社會生活的綜合載體，包含著人類存在的諸多因素，表現了人類的生存方式、價值觀念、審美情趣和本質力量。人類任何一種活動的物質成果，都是人的內在本質和精神追求的外化、物化與對象化。建築作爲與人的生活密切相關的物質成果，更加蘊涵著豐富的文化因子包括倫理的意義。沈福熙先生在《宗教．倫理．建築藝術》一文中將建築與倫理的關係分爲二個層次：「倫理在建築中的形象反應，構成了建築與倫理的狹義關係。而倫理觀的流變和建築發展之間的關係，則構成了建築與倫理的廣義關係。」在他看來，前者以靜態的視角研究建築中由倫理觀所決定或影響的軸線、體量高低、象徵的含義、群體氛圍以及建築個體的處理等事實存在，後者則從動態的發展觀念研究兩者的互動。正是這雙重

〔註1〕米歇爾．福柯，陳志招譯，《不同空間的正文與卜文——空間的文化形式與社會理論讀本》〔M〕，臺灣：明文書局，1983年，第40頁。

〔註2〕米歇爾．福柯（Michel Foucault, 1926～1984），法國哲學家和「思想系統的歷史學家」。他對文學評論及其理論、哲學（尤其在法語國家中）、批評理論、歷史學、科學史（尤其醫學史）、批評教育學和知識社會學有很大的影響。

關係的作用，形成了建築的倫理思想。

1.1 中國傳統建築的起源與發展

所謂建築，具有兩重涵義。一是作爲動詞的建築，指建設、構築，即人們建屋、架橋、修路等等的活動；二是作爲名詞的建築，指建築物，即人們修建的房屋、橋梁、園林等。我們在本書中探討的建築倫理，主要就是指建築物所內蘊的倫理思想。從本初意義上說，建築是一種生活的需要，它爲人類提供了庇護的場所，遮風避雨，免受非類的侵擾；它爲人類提供了日常居住的空間，飲食起居，經營著一個溫馨的環境。正是由於人們在生活中有不同的生活方式、價値觀念和理想追求，才形成了不同的建築和建築文化，歷經幾千年的發展，構成了人類物質和精神文明的一個重要組成部分。

1.1.1 建築的起源

人類文化的原始階段，猶如一個人的幼稚年代，對於環繞自身的外在空間的認識與理解處於一種混沌狀態。在漫長的時期內，原始人不清楚自己的所在，不理解何以所載，何以所覆，沒有空間方位的概念，沒有上下左右的區分，也沒有現代意義上的建築。中國先秦時期的莊子曾經說過：「古者禽獸多而人少，於是民皆巢居以避之，晝拾橡栗，暮棲木上，故命之曰有巢氏之民。古者民不知衣服，夏多積薪，冬則煬之，故命之曰知生之民。神農之世，臥則居居，起則於於，民知其母，不知其父，與麋鹿共處，耕而食，織而衣，無有相害之心。」〔註 3〕這位哲人爲我們描繪了如下一幅原始先民生活的圖畫：那時人們白天忙於獲得生活的資料，到了夜晚，爲了防止禽獸的侵害，就棲息在樹上，築巢而居（實際情況應該是木棲穴居）。人類完全處於一種自然狀態之中，與動物爲伍，但知其母，不知其父。

無獨有偶，古羅馬著名的建築師維特魯威也在其《建築十書》中說：「古人生下來時和野獸沒有什麼區別。他們棲息在樹林、洞穴裏或樹叢中，茹毛飲血地活著」。他認爲，是火的出現使人類圍聚在一起。發現火以後，原始人先是聚集在它的周圍，接著組成了儀事機構，然後開始了社交活動，人們越聚越多。漸漸地發現自己比動物優越了。他們不必四肢著地行走，而是直立

〔註 3〕《莊子・盜跖》。

行走。他們可以凝望美麗的星空。他們的雙手和手指可以自如地去做他想做的，他們在第一次說事時，提出了建造窩棚的想法，有人用寬大的綠樹葉來藏身，有人在山的斜坡處鑿洞，有人仿照燕子壘窩的方法，用泥和樹枝搭起了類似的小棚子。〔註 4〕

原始人要環坐在火堆旁取暖，爲了更好地保溫，就促使他們修建房屋。正如塞姆帕在《建築的四個要素》中所言：「原始人在想到支起帳篷、紮起籬笆、蓋起窩棚前，是圍坐在大火堆周圍的。大火堆使他們溫暖、乾爽，還能簡單做點吃的。」

最初的建築起始於何時已經無法確考。在中國，目前發現的最早的建築遺存當屬河姆渡文化中的田螺山遺址。2001 年底發現的田螺山遺址位於餘姚三七市鎮相嶴村，西南距河姆渡遺址約 7 公里。遺址總面積 3 萬多平方米，文化堆積最厚處超過 3 米，疊壓 6 個文化層，形成年代距今約 7000～5500 年。在已經發掘的 800 多平方米的遺址區內，出土了多層次干欄式建築及墓葬、食物儲藏坑等遺迹，2000 多件陶、石（玉）、骨（角、牙）、木等遺物，大量的動物骨骸、稻穀穀殼、炭化米粒、菱角、橡子、葫蘆等遺存。

約公元前 4800～前 4300 年，中國陝西西安半坡村和臨潼姜寨村有氏族社會聚居遺址，出現木構架房屋雛形。

這些當爲中國傳統建築的原初形式，大約公元前 1900～前 1500 年河南偃師二里頭遺存商代早期宮殿遺址，是中國已知最早的宮殿遺址。這個時候，傳統的建築已經基本成熟了。

1.1.2 建築的發展

中國建築上溯至河姆渡文化的遺址至少已經有了 7000 年的歷史，形成了豐厚的傳統，並且成爲中華民族傳統文化的一個重要組成部分。

關於中國傳統建築的發展，學者們有不同的分期方法。如，臺灣著名的建築史學者漢寶德先生將漢代以前斷代爲中國建築的「古典時代」，所謂古典時代就是建築的發展期，將漢至宋代斷代爲「中世紀：佛教支配的時代」，將金元以後斷代爲「近世期：俗世文化支配的時代」。而李允鉌〔註 5〕先生則按

〔註 4〕 維特魯威，高履泰譯，《建築十書》〔M〕，北京：知識產權出版社，2001 年，第 34 頁。

〔註 5〕 李允鉌，《華夏意匠——中國古典建築設計原理分析》〔M〕，天津：天津大學出版社，2005 年，第 40 頁。

照文化史或者美術史將中國建築的歷史做出如下劃分：一、創立時期：周代至春秋戰國時代（公元前十三世紀至公元前三世紀），相當於古埃及，西亞及希臘建築時期；二、成熟時期：秦漢時代（公元前二世紀至公元四世紀），相當於希臘式及羅馬式時期；三、融江時期：融江外來文化的魏晉南北朝時代（五世紀至七世紀），相當於歐洲早期基督教，拜占庭建築時期；四、全盛時期：隋唐時代（七世紀至十一世紀），相當於歐洲拜占庭，羅馬納斯克及早期哥特式時期；五、延續時期：宋、遼、金、元時代（十一世紀至十四世紀），相當於歐洲的哥特式建築時期；六、停滯時期：明清時代（十五世紀至十九世紀），相當於歐洲文藝復興後與建築以及其後產生的各種形式的時期。

我們認爲，建築不同於其他種類的純藝術，它受到一個時代當時的政治、經濟、文化、科學、技術等的直接影響，帶有更加鮮明的時代特點。從建築的類別來看，中國傳統的建築可以分爲宗教建築和非宗教建築兩大類。宗教建築：一、壇廟；二、佛教建築（即佛寺佛塔之類）；三、道教建築（即道觀風水塔之類）；四、儒教建築（即文廟書院之類）；五、祠廟（即廟宇家祠之類）；六、回教建築（即清眞寺）；七、陵墓。非宗教建築：一、城堡；二、宮殿樓閣；三、住宅商店；四、公共建築（即劇場會館衙門之類）；五、牌樓闕門之類；六、碑碣之類；七、橋；八、城牆（包括長城之類）。

從以上的各種中國建築分類方式我們都可以看出中國建築和中國文化密不可分的關係。李允鉌先生提到的分類方式有頗多相似之處，是從中國的古代文化史入手來對中國的古代建築史進行分類。在他的著作中提到的伊東忠太的中國傳統建築分類方式和目前國內高校建築學專業所有教科書所用分類方式很相近，主要是從建築的類型入手，這種分類和文化的關係就更大了，因爲某些獨特的建築類型是在中國古代特有的文化現象之下才誕生出來的，這些建築在文化上的意義有時候甚至遠遠大過其在本身使用功能上的地位。遠古時代，由黃河流域文化而發展出了華夏民族的文化特質，隨著中國文化和社會、經濟等的發展，中國文化反過來對當時當地建築的型制提出了要求，中國建築得以發展出適合當時當地的文化、政治、社會、經濟、科學、技術等方面要求的建築型制，建築的發展又導致了文化的進一步完善，它們相互影響、發展。值得一提的是在中國這片廣袤的土地上，其文化幾千年連續不斷的發展，使得其建築也得以在一個統一的文化本位下一脈相承地發展。

綜合學術界的觀點，我們主張將中國傳統建築的發展劃分爲三個階段。

第一階段包括三個時期：第一個時期是石器時代至公元前二千年以前（即自太古至夏之中葉）。這一時期是傳統建築萌芽、產生的時期，主要以土圍、干欄式建築爲主，反映了中華民族的先民從居無定所的遷移、巢居到築屋定居的發展歷程。第二個時期是銅器時代至公元前一千年以前到周初。這一時期是從原始建築向傳統建築轉變的時期，傳統建築已經有了自己的雛形。第三個時期是銅鐵時代至秦漢。傳統建築的規模、格局已經基本定型，出現了像長城、皇陵、阿房宮等大型建築，而且形成了像咸陽等規模巨大的城市建築。

第二階段包括四個時期：第一個時期是三國至隋。這一時期是西域藝術攝取時代，反映了中國傳統建築開始吸收域外文化的養分，建築藝術有了多樣化的色彩。第二個時期是隋唐時期，這是中國傳統建築的極盛時代，宮殿、屋宇、城市等建築都達到空前的輝煌。第三個時期是宋、元時代，中國傳統建築的發展基本上是延續唐代的傳統，少有創造，但在這一時期，傳統的建築已經基本定型。第四個時期是明、清時代，這一時期中國傳統建築的發展有較大的復興，最典型的代表是北京的紫禁城。同時，由於中外交流的增加，在建築中出現了多元文化的濃厚色彩。

第三個階段就是民國至今。這一時期傳統建築基本上處於衰退狀況，西式建築逐漸興起，並且從上世紀後期開始成爲中國城市建築的主流，正在逐漸取代傳統建築。我們研究建築倫理，不僅僅是爲了總結和揭示傳統建築中蘊涵的倫理思想，更是要提煉出傳統建築中內蘊的精神價値，並將這種優良的文化傳統貫徹到我們當今的建築活動之中，作爲指導現代建築實踐的重要思想資源。

1.2 建築與倫理

美國學者卡斯騰・哈里斯的著作《建築的倫理功能》認爲，「倫理的」（Ethical）衍生自「精神氣質」（ethos），就某個人的精神氣質而言，我們意指他（她）的性格、性情或者氣質。類似的，我們談及某種社會的精神氣質時，指的是統轄其自身活動的精神。對建築的倫理功能，我們指的是它形成某種共同氣質的表達能力。倫理功能的提出，是建立在吉迪翁聲稱建築的任務是「對於我們的時代而言是可取的生活方式的詮釋」這樣的現代主義解釋意義上的。

哈里斯認爲，「所有的事物都會有美學方面的意義」，建築也不例外。但是，「建築難以達到那種可在其他藝術形式中找到的純粹的境界。對建築藝術的評價在於它是否爲某種用途而提供了適合的功能。」他所主張的倫理功能排斥爲了「藝術而藝術」或者爲了「美」而「藝術」的美學態度，而強調建築藝術審美的特殊性，「我們不是把建築當作一件藝術品，遠遠地欣賞，而是要實實在在地進入其中，這種使用方式難以同對審美體驗的豐富描述取得一致。」他認爲「爲了藝術而藝術」或者爲了「美」而「藝術」的美學態度，會導致倫理功能的喪失，倫理功能排斥傳統的美學態度。「如果建築要致力於『定居』這樣的主要任務，它首先必須不受美學態度的影響，也就意味著不受一種建築藝術基本上只是作爲『裝飾化棚屋』的認識的影響。」〔註 6〕因此，建築的倫理功能具有特殊的意蘊。

1.2.1 建築的文化功能

「文化」兩個字，從廣義來說，是指人類在社會實踐過程中所創造的物質財富和精神財富的總和，而建築在文化本質上則是一種集人類所創造的物質文明和精神文明於一體的空間文化形態。它用獨特的形式和「語言」表達著一定的人生觀、宇宙觀、審美心理和審美感受，因而是民族文化的集中體現。

人類的生存有兩個必要條件，一個是建築環境，就是草棚、住宅、村鎮、城市等等；一個是社會文化環境。雖然可以把它們區分爲兩種環境，但它們是共生的，相互滲透，誰也離不開誰。社會文化生活只有在建築環境裏才能進行，建築環境是社會文化生活的舞臺。另一方面，建築環境爲社會文化生活而造，爲的是保證它能順利而有效地進行，否則建築就失去了存在的前提。

文化有上層下層之分，歷史也分帝王將相的歷史和民眾的歷史。建築環境所寫的歷史同樣也有兩部。宮殿、壇廟、苑囿、陵墓、府衙和都邑等寫的

〔註 6〕（美）卡斯滕·哈里斯著，申嘉、陳朝暉譯，《建築的倫理功能》〔M〕，北京：華夏出版社，2001 年，第 34 頁。

是帝王將相的歷史，而民眾的歷史則由鄉野間的村落和他們的住宅、祠堂、土地廟、義學、文昌閣、水碓、風雨橋和涼亭等來細細敘述。

建築是一種綜合的文化載體。「建築的發展基本上是文化史的一種發展」〔註7〕，尤其是在比較原始的狀態下，建築（住宅）是人類實現其生存的最基本的活動之一，是文化藝術的一個重要的部分。在西方建築被稱爲「凝固的音樂」，「石頭的史詩」，而在東方（尤其是中國），建築（主要是園林）、繪畫、音樂、雕刻和詩歌毫無疑問是中國古典文化藝術的重要組成部分。同時，建築也反映了人們的一種生活方式。《周禮》《禮記》以及後來的建築方面的著作都將各種建築的形制、用材、裝飾與禮儀緊密聯繫在一起，直接反映了當時人們的社會生活狀況。在「二十四史」中，關於建築型制的討論都記載在「禮志」中，是基本的典章制度。從某種意義上說，建築是以物化的形式反映了當時的科學技術與文化藝術水平。

梁思成先生在《我國偉大的建築傳統與遺產》一文中說：「歷史上每一個民族的文化都產生了它自己的建築，隨著這文化而興盛衰亡。世界上現存的文化中，除去我們的鄰邦印度的文化可算是約略同時產生的兄弟外，中華民族的文化是最古老，最長壽的。我們的建築也同樣是最古老，最長壽的體系。」〔註8〕

建築是一個地區的產物，世界上沒有抽象的建築，只有具體的地區的建築，它紮根於具體的環境中，受到所在地區的地理氣候條件的影響，受具體的地形條件，自然條件，地形地貌和城市已有的建築地段環境所制約。建築的地域性就反映了不同的地域文化，反映了各個地域的人們包括民族長期生活所形成的歷史文化的傳統。

古代中國的建築由於受種種自然的、非自然的影響，在各個地域都形成了各具特色的建築風格，並且由於古代社會發展遲緩和交通的閉塞，使得各地的這些特色得以長期保持下來，如現在仍可以見到的南方潮濕山區的架空竹木建築「干闌」，北方游牧民族的氈包式房屋，新疆的「阿以旺」，黃河上游的窯洞和東北與西南大森林中的「井干式」建築等。但總體上講，中國的建築模式可以分爲兩類，一種是共官掌握下的官式建築，另一種是各地自主

〔註7〕李允鉌，《華夏意匠——中國古典建築設計原理分析》〔M〕，天津：天津大學出版社，2005年，第77頁。

〔註8〕梁思成，《梁思成文集・卷三・我國偉大的建築傳統與遺產》（第一版）〔M〕，北京：中國建築工業出版社，1985年，第142頁。

建造的民間建築。其中官式建築因以其建築者強大的政治權利作爲後盾，所以它體現的是各個不同時期最高的建築水平和技術，而民間建築則以其鍾靈毓秀獨具特色的清秀感而著稱。

中國傳統建築文化能夠長存 5000 年，這與中國傳統建築內蘊的倫理思想這一文化脈絡的運動密切相關，正是在這條文化脈搏的帶動下，中國的營造觀念才會影響到中國傳統的建築文化，傳統的建築因此才會在天人合一的宇宙觀、物我一體的自然觀、陰陽有序的環境觀、社會文化觀的影響下形成漢之古拙、唐之雄大、宋之規範、元之自由、明清建築形制化的特點，也形成了北國的淳厚、江南的秀麗、蜀中的樸雅、塞外的雄渾、雲貴高原的絢麗多彩等這些地域性的特點。

因此，建築具有雙重性，它既是物質的財富，又是精神的產品；它既是技術產物，又是藝術的創作。一座優秀的建築，其精神內涵的作用常常超越功能本身。建築作爲一個文化形態，它既是人類文化大體系的一個組成部分，又與社會經濟，科學技術，政治思想息息相關，各種觀念，無時不在制約著建築文化的表達和發展。建築是一個時代的寫照，是社會經濟科技文化的綜合反應。現代建築創作應該適應當今時代的特點和要求，建築要用自己特殊的語言，來表達所處的時代的實質，表現這個時代的科技觀念，揭示思想和審美觀。時代精神決定了建築的主流風格，把握時代脈搏，融合優秀地域文化的精華，建築才會創新和向前發展。

1.2.2 建築的倫理基礎

建築是人類物質文明與精神文明的產品，它本身就是一種文化類型的代表，它沉澱著人類文明發展的步伐，是人類文明的一部「石頭的史書」。作爲人類勞動的最主要的創造物之一的建築，可以說是構成人類文化的一個重要部分。建築文化的價值，就是建築的社會文明價值。建築是一個社會總的生活模式、生活水平和生活情趣的寫照。中國建築的文化產生於中國這片特定的土壤，它離不開產生它的民族土壤、離不開對傳統文化的繼承和延續。因此中國建築的文化有自己的特色並且豐富多彩，像珠江流域的嶺南建築文化、四川地區的山地建築文化到西藏的藏居、羌族的碉樓建築等等，這一些都體現了中國建築文化中人與建築、與環境融合以及「天人和一」的哲學理念，正是在這些文化思想的指導下，中國的建築形式形成了自己特有的風格，如頗具有華麗氣質的北方四合院、開敞的苗族弔腳樓、秀麗的傣族竹樓和黃土高原的窯洞等。這些建築都是產生並發展在中國這片土壤中的。

建築作爲人類活動的創造物與人類的其他活動一樣，是受自身意識的支配的，因而有其觀念的基礎，包括倫理道德的基礎。我們在此說的建築的倫理基礎，主要是指人類從事建築活動以及其結果的樣式合乎道德性的一種倫理的辯護，或者說是人類從事建築以及建成怎樣的建築的價值觀念上的指導和道德上的理由。在此意義上，我們將建築的倫理基礎表述如下：

第一，建築是人類生活必需的一種活動，人類生存最基本的需求產物。人類爲何需要從事建築並且需要建築物？這是基於一個最簡單的事實：生活的必需，是對人的基本需要的滿足。首先，建築的產生基於人的生存需要。人類的生活是一種物質生活，衣食住行是最基本的需要。由於自然進化的結果，人無法像動物一樣地裸體生存，需要抵禦自然界惡劣的環境和氣候，也無法裸居於曠野之中，需要一個空間來遮風避雨、抗炎禦寒，於是才有了從巢居、洞穴到房屋的建築。其次，建築的產生是爲了滿足人的安全需要。在自然界，人的自然生存能力並不強大，作爲自然界唯一的主體存在，他的力量來自於精神和智力，而不是自然的生理能力。因此，他需要抵禦自身以外其他存在包括猛獸的侵害，當他在睡眠的時候尤其如此，這就需要一個安全的生活空間，保護自己的生命財產不受侵害。固定和牢固的建築，就爲人類提供了這種安全的保證。再次，人的尊嚴和尊重的需要，也是建築產生的重要原因。隨著文明的進步，人類生活的個性化越來越受到重視，生活的私密性需要一個屬於自己的空間，房屋的建築就具有保護人們生活隱私的作用。

第二，建築是人類生活方式的反映。建築具有時代性、民族性，不同的歷史時期、不同的地域和不同的民族都有自己不同的建築樣式，人們的生活方式的差異，導致了建築的時代、地域和民族的區別。中國傳統建築的定制，在各代禮儀中都有明確的規定，人們社會地位、身份的不同，建築用途的不同，其規制、規模、用材、佈局等都有詳細的規定，這種規定，就是現實生活方式在建築中的制度化反映。一個最突出的例證就是現代建築，框架結構式的房屋層層疊加，反映出城市化進程的加快和人口的急劇增長；從窗戶到門的堅固防護，反映了人們對生活私密性的重視，同時，也反映了人與人之間關係的疏離和對自己生命財產的安全性的擔憂以及社會生活的不安定。

第三，建築是人們價值觀念的物化。毫無疑問，建築是人類文化的綜合載體，它不僅直觀地表達了時代的科學技術的發展水平，而且是人們價值觀念的物化形式。建築類別的產生、格局的差異、形式的不同，都是以物化的形式表達著該時代的價值觀念。廟宇的建築反映的是人們的宗教觀念，傳統建築中軸對稱的佈局反映的是中正的思想，堂屋（廳堂）置於中央的格局表達的是對祖先和神靈的崇拜（因其中往往供奉著祖先和神靈的牌位），庭院的設計寄託著天人合一的境界，宮廷的建造更是宣示著皇權至上。所以，用材與建築規模是以科學技術爲基礎，裝飾與形式是依據人們的審美情趣，而從形制到內容，建築都是以人們的倫理價值觀念爲基礎的。

1.2.3 建築的道德因素

以上我們簡單地分析了建築的倫理基礎，意在說明在建築活動以及建築物的產生過程中，不僅受科學技術和文化的制約，而且直接受著倫理思想的指導，倫理爲建築提供了基本的價值觀念和理論基礎。這種在特定倫理思想指導之下人類的創造物，必然內蘊著豐富的道德因素。在此，我們僅以住房建築爲例，對建築的道德因素做一點簡要的分析。

第一，安居。建築首先是爲人們提供一個固定的生活場所。如前所述，人類無法像動物一樣裸居於自然界，他需要一個保護直接生命和財產安全的空間，以供他生存、作息。人們常說「安身立命」，如果一個人的社會身份或者職業是他的立命之所，那麼，一個屬於自己的房屋則是他安身之地。從古至今，有無數的人都在爲自己的住房辛勤勞動、努力工作，也有無數人都以「人有其居」作爲自己的社會理想。唐代杜甫就曾經發出過「安得廣廈千萬間，大庇天下寒士盡歡顏，風雨不動安如山！嗚呼！何日眼前突兀見此屋，吾廬獨破受凍死亦足」〔註 9〕的感慨，當今社會住房難已經成爲一個嚴重的社會問題，年輕人的蝸居，工薪階層房價貴的問題日見凸顯，黨和政府已經把住房問題當做重要的民生問題予以高度重視。所謂「成家立業」，成了家才能立業。但要成家，就需有一個屬於自己的「家」，它的物質形態就是住房。因此，建築的一個重要使命是解決人們失居的問題，有著安居的道德意義。

〔註 9〕 楊佐義主編，《全唐詩精選譯注》（杜甫《茅屋爲秋風所破歌》），吉林：長春出版社，2001 年，第 557 頁。

第二，宜居。毫無疑問，住房首先解決的是最基本的居住空間問題，它是人們屬於自己的一個私人生活空間，人們要在這裡起居作息。於是，在住房的設計與建設中，宜居就是一個主要考慮的因素，也是住房建築應該包含的道德因素。在此，房屋的地理位置、大小、格局就成爲讓人們居住眞正能「安」的重要問題。只有適宜居住才能眞正安居。這就不難理解，爲什麼中國傳統建築中風水問題顯得特別重要，人們在建造房屋之前，要特別愼重地看風水選址。排除其中迷信的因素，它反映的就是人們對宜居的追求，或者說，希望房屋能夠使人們宜居。所謂宜居，就是指建築的適用性，能夠給人們提供方便的生活空間，盡可能好地滿足人們的各種需要。

第三，樂居。如果說，安居解決的是人有所居，宜居給人們提供的是生活的實用性，那麼，樂居則是滿足了人們對生活幸福的渴求。作爲人類私密的生活空間，有居、有用是前提，有樂則是人們在自己的房屋中感受的一種生活的幸福。房屋的格局、裝飾往往是與一個人的社會地位和生活條件相一致的。但儘管每個人的情況不一樣，卻都在精心經營著自己的家，並且把它當做是自己溫馨的歇息港灣。俗話說，「金窩銀窩，不如自己的狗窩。」反映了人們把家當做了安身立命之所，當做了自己生命的歸屬和幸福的源泉。

當然，建築的道德因素還可以從其他方面進行概括。作者在此主要是從建築（尤其是房屋建築）的本質屬性來進行分析的。因爲建築說到底是人們生活與活動的場所，是爲生活服務的，滿足人們的生活需要是建築首要的也是基本的功能。在建築設計中，最一般的原則是經濟、實用、美觀，這些原則對應的或者說內含的道德因子就是安居（經濟，使絕大部分人都有足夠的能力擁有自己的房屋）、宜居（房屋的設計要具有實用性，能夠方便生活）、樂居（居住在自己的房屋中感受生活的幸福），換句話說，就是要讓人有住、好住和住好。

1.3 建築倫理的蘊涵

建築是一種物質文明，但它同時也是精神文明的成果，建築倫理就是體現在建築物上的一種精神文明。在人類的建築活動中內在地存在著倫理問題，無論是在西方還是在中國。建築環境作爲人造環境的主要組成部分都不同程度地體現出所在時代的倫理價值，反映著當時人與建築的關係、人與自然的關係、人與人之間的關係和人與自身的關係，從而形成了具有自身特色的建築倫理。

1.3.1 建築倫理的結構

建築倫理是在建築設計與工程活動及建築從業人員的職業中形成的價值觀念、道德原則和行爲規範。因此，建築倫理的結構可以從兩個方面去分析。一是從其內涵來看，我們可以將建築倫理的結構表述爲建築倫理的理論基礎、建築倫理的基本原則和主要規範、建築倫理的道德價值標準、建築倫理的實踐等等。

第一，建築倫理的理論基礎。建築倫理是一門建築學、文化學、倫理學相互滲透的交叉學科，其理論基礎必然包括上述三個方面的基本理論。建築學爲建築倫理提供技術性的理論基礎，並決定了建築倫理和其他倫理相互區別的特殊規定性。文化學爲建築倫理提供一種分析的方法與手段，因爲建築是人類的物質活動和物化成果，要挖掘其中內涵的道德精神價值，就必需借助文化學的分析方法，而不是進行簡單的建築外觀的比較。倫理學則是建築倫理的核心理論，是對人類的建築設計、建築活動和建築物進行一種價值分析，揭示其中特殊的人類本質物化對象的精神價值。

第二，建築倫理的基本原則和主要規範。這是建築設計和建築活動的基本價值觀念，是從事建築設計和建築活動的道德出發點。在中國傳統的建築倫理思想中，就有安居樂處原則、中正合禮原則與天人和諧原則。安居樂處原則要求建築經濟實用，這一原則在民居中顯得尤爲重要，是民居建築的第一原則。中正合禮原則強調的是建築必須有一定規制，無論是規模、朝向、格局、還是用材，都必須符合一定的禮儀規定，不能違背，否則就是不道德。如當年孔子就曾經批評管仲：「邦君樹塞門，管氏亦樹塞門。邦君爲兩君之好，有反坫，管氏亦有反坫。管氏而知禮，孰不知禮？」〔註 10〕這裡的「樹」是大門裏面的照壁，按禮，只有諸侯之家才能夠建照壁，管仲爲大夫，居然也在家裏建照壁，故受到孔子的嚴厲批評。這說明，在中世紀，建築的規模必須符合社會生活的基本禮制，而不是根據自己的能力和條件隨意修建。天人和諧原則要求建築設計、建築活動與建築物必須與人類生存的環

〔註 10〕《論語・八佾》。

境相協調，而不能破壞人與自然界之間的和諧。

第三，建築倫理的道德價值標準和道德實踐。中國傳統建築倫理的價值標準可以直接從其基本原則中引申出來，那就是「安宜」、「中正」、「和諧」，符合這些原則的就是善的，否則就是惡的。在這裡，三者具有不同的價值等次，「中正」是核心的價值觀念，其他兩個原則的貫徹，都必須符合「中正」的標準。在建築道德實踐中，就是將建築倫理的原則貫徹到建築活動和建築物中去，按照建築倫理的基本原則和規范進行建築設計和建築活動。

這是從建築倫理的內在結構來分析。從建築倫理規範的範圍來分析，建築倫理的結構可以分爲建築設計倫理、建築活動倫理和建築從業人員的職業倫理三個方面。

第一，建築設計倫理。建築設計倫理包括設計的道德動機、道德原則、道德規範和價值觀念。它要求建築設計從倫理道德的高度出發，以人爲核心，從人出發、爲了人，爲了滿足人的生活需要，處理好人與自然、人與人之間的關係，通過建築物規範人的生活方式、促進人類生活的和諧與幸福。建築設計倫理要求設計者具有倫理的視角和道德理論的依據，眞正做到建築設計的人性思考。因此，建築設計倫理是建築設計中的價值觀念、道德指導思想，而不是技術規範。

第二，建築活動倫理。建築活動的倫理主要是指建築人員（包括設計者和施工者）在工程設計和建設以及工程運轉和維護中的道德原則和行爲規範。它主要調整工程與技術、工程與自然、工程與人之間的關係。在這方面，其主要原則包含以人爲本、關愛生命、安全可靠、關愛自然等。建築活動是人的活動，因此，應該首先以人爲本，以人爲目的。關愛生命原則要求建築活動必須尊重人的生命，不進行危害人的生命和健康的工程的設計、開發。在建築活動中要抱著對人的生命高度負責的態度充分保證施工的安全性，爲施工者提供必要的保護措施。同時，不從事和開發可能對生態環境有害的工程，保護我們的生活環境。

第三，建築從業人員的職業道德。建築從業人員包括工程設計人員、質量監督人員和施工人員。它包括建築行業的基本道德原則、主要行爲規範、職業道德關係、職業道德活動和職業道德素質的修養等內容。設計、監督與施工是建築活動的三類主要人員，分別承擔著建築的不同職責，正確的倫理觀念、高度的職業責任心、良好的道德素質以及相互之間的良性合作，是完成建築任務的道德保證。在建築活動的全過程中，始終都必須堅守道德的基本原則，正確處理好建築活動中「義」與「利」的關係，處理好建築的「經濟價值」與「社會價值」的關係，處理好各方面的人際關係，樹立高度的職業責任，維護職業榮譽，提高職業素養。

1.3.2 建築倫理的功能

建築倫理作爲一種應用倫理，是建築領域處理各種關係和指導人們行業行爲的理論體系，是建築行業一切活動的價值基礎和道德評價機制，同時，也是對建築的社會價值的揭示與弘揚，它在建築職業活動中能夠發揮重要的功能。

第一，建築倫理具有指導功能。建築倫理是建築行業和建築活動的道德原則、道德規範、道德關係、道德評價和道德行爲選擇的理論體系，它對建築活動包括建築設計與施工具有重要的指導意義。在一般意義上，建築必須遵循「適用、經濟、美觀」這一主題，但是，除了這三個基本原則之外，建築還應該有第四個視角，那就是倫理的視角。這種視角是對建築三原則形而上的追問，即適用、經濟、美觀的評價標準是什麼？建築說到底是爲人類的社會生活服務的，是爲了滿足人們現實的生活需要。但是，滿足什麼需要、如何滿足需要，這裡就有一個價值觀念的問題。建築倫理就爲建築活動提供基本的價值觀念和出發點，它回答的是建築的目的、功能、意義和價值以及建築活動的合理性等問題。從現實上說，建築師應以什麼樣的觀念定位自己的職業使命，建築設計應該以什麼爲出發點，建築如何把握和反映現實的社會生活等等，所有這些，都超出了建築的技術範疇。這就說明，建築是一項技術含量很高的活動，但它絕不僅僅是一種技術性活動。

黑格爾說「建築是與象徵型藝術形式相對應的，它最適宜於實現象徵型藝術的原則，因爲建築一般只能用外在環境中的東西去暗示移植到它裏面去的意義。」〔註 11〕建築倫理不僅揭示在建築中蘊涵的倫理價值，而且爲這種價值的實現提供一種精神上的指導。我們認爲，這種功能應該是建築倫理的首要功能。

作爲一種思想指導，除了在建築中灌輸一種價值觀念之外，它還能夠對

〔註 11〕（德）黑格爾，朱光潛譯，《美學》〔M〕，北京：商務印書館，2009 年，第 139 頁。

建築設計和建築活動提供一種行為規範的指導。它根據建築的社會價值和文化意義確立建築的目的，要求一切建築活動都圍繞這一目的展開，並以此為核心，調節建築行業人與人之間、人與自然界之間、人與社會之間的關係，制定行業規則，規範行業行為，為建築行業的從業人員提供一種價值的指導。

第二，建築倫理具有表達功能。建築倫理除了指導和規範之外，還有一種論證和表達功能。建築是人類活動的產物，是人的本質的物化和對象化。它不同於自然存在物，而是人的意識指導下的產物。因此，建築內蘊著豐富的文化與道德因素。在直觀的意義上，建築給人的直接的認知是它的經濟價值（實用性）和審美價值（外觀，包括用材、形制、格局和環境）。無論是住宅、廟宇、道路還是橋梁，幾乎所有的建築物都是為了滿足人類社會生活的特定需要，實用性是建築最基本的價值。決定建築實用性的主要是技術水平和經濟的發展，這是因為在不同的社會發展階段，人們的生活需要是有差別的，社會能夠為人們提供滿足需要的物質材料也是有差別的。而建築的外觀，則反映了人們的審美情趣。但是，建築作為人類本質力量的對象化，其中蘊涵的道德價值則需要理論的總結和抽繹。比如中國宮殿建築中的黃瓦紅牆，就在於渲染皇家的豪華和尊貴，飾雕中的蟠龍飛鳳又意在說明封建統治者是眞龍天子。宗教建築中的靈光籠罩下的佛祖雕塑和眾多宗教故事畫，更易引起信徒們對天國的嚮往，表達著人們信仰的虔誠。宮殿重在渲染統治者的威嚴神聖，廟宇重在渲染宗教的超塵出俗，陵墓著意於死者的威勢，公共活動建築重在寬敞和舒適，園林建築強調它的情趣意境，普通的居民住宅則要求簡樸實用。所有這一切，都無法由感官直接把握，建築倫理的一個重要作用，就是通過抽象的、邏輯的和綜合的分析，揭示建築的道德蘊涵。

第三，建築倫理具有調節的功能。和其他應用性的倫理一樣，建築倫理的基本作用是調節建築行業的從業人員的各種關係。除此之外，它還有一個重要的作用，那就是調節人與自然界之間的關係。建築受自然環境制約最強，因而不同的自然條件，建築的質材、佈局、結構、形式、風格、功用均不一致。建築是一種物質產品，需要一定的物質消耗，因地制宜、就地取材，是建築的一條原則。因此，山區多用石塊，林區多用木材，平原多用燒磚，南方多用竹子。用材的不同決定了建築的結構、佈局、風格的特色。在建築中，人類創造了另外一種風景，豐富了自然界的人文景觀，實現了自然風景與人文景觀的有機統一。在這方面，建築倫理就爲人類在建築活動中建立與維護人與自然界之間的和諧關係提供了一種行爲調節的理論體系。

1.3.3 建築倫理的特點

建築倫理屬於應用倫理學，在建築活動中，人們以不同的方式表達其對待他人、自身和自然環境的態度，並且形成了一系列特殊的關係和與之相關的價值觀念、評價原則和行爲規範體系。由於建築及其活動產品的特殊性，建築倫理也表現出不同於其他領域的應用倫理的特點。

第一，建築倫理研究對象的直觀性。建築倫理以建築行業的職業活動及其結果爲研究對象。從活動本身來說，它帶有鮮明的行業特徵，這是每一門應用倫理學都具有的特點，建築倫理也不例外。但是，建築倫理除了研究建築活動以及人們的營建中的各種關係之外，還要研究建築活動的結果和產品，後者在歷史性研究中尤爲重要，甚至在某種程度上是主要的研究對象。無論是歷史遺存的建築還是現代建築，都是人類活動的結果，是人的本質力量的物化，是人的精神價值的結晶。因此，建築以最直觀的形式記載著一個時代的生活、文化與價值觀念，這種直觀的物化對象就成爲建築倫理最爲突出的一個特點。

第二，建築倫理文化要素的綜合性。建築是一門綜合的學問，建築活動是一種綜合各種行爲的勞動創造。首先，它是技術和藝術的結合。建築作爲一種職業活動顯然需要特定的行業技術，受著特定時代科學與技術發展程度的影響，有什麼樣的技術水平就會有什麼樣的建築。但是，它並不是一種純技術的產品，而體現了人們的審美觀念。建築設計師在設計自己的作品的時候不僅僅只是考慮到它的經濟價值與適用價值，更會精心地考慮它的審美價值。其次，它是技術與倫理的結合。建築是爲人類的生存與生活提供最基本、最重要而且使用最爲長久的產品，爲誰服務、怎樣服務、服務什麼都是建築設計與建築活動必須嚴肅思考的問題。換句話說，在建築活動中必須灌注一種價值原則的指導，而絕不只是公式的推導、石頭的堆積、鋼筋水泥的架構。再次，它是精神和物質的結合。建築是人類在地球上所做的最大的物質堆積，也是人類在地球上創造的一種風景，因而並不僅僅只是木頭、石頭的一種架構方式，而是內蘊著豐富的精神文化，是人的本質力量、價值追求和生活方式的直接反映。

第三，建築倫理歷史發展的傳承性。建築和其他一切人類活動一樣具有時代性、民族性的特點，受著特定時代科學技術發展水平、生活方式、價值觀念等的制約與影響。由於建築本身的物質固化程度高於許多別的人類活動的物質產品，甚至歷經數千年而不毀，因而具有鮮明的傳承性。如埃及的金字塔、古羅馬的鬥獸場、希臘的神殿、中國的長城等等，都跨越了無數個世紀留存至今，儘管建造它們的那個時代已經久遠，建造它們的人們也早已逝去，甚至建造它們的技術與方法也已無法確考，但是，它們幾千年來巍然屹立，向人們昭示著古老的文明，確證著傳統的生活方式與價值觀念。建築倫理的這種歷史傳承性，使得它成為了人類最寶貴的遺產。

第二章　中國傳統建築倫理思想的理論探究

建築這巨大的「無機的軀體」是人的偉大力量「向自然生成」。〔註 1〕

——馬克思

中國傳統建築大到整個城市的規模和佈局，中到廟宇、宮殿、園林、民宅，小到門、屋頂、牆、窗等，都具有濃厚的倫理色彩。這主要是由於中國傳統倫理文化中儒家思想、道家思想、佛教思想和易理精微發展而來的風水學說影響到了中國傳統建築的方方面面。在一定意義上，可以說中國傳統建築是一部倫理學的鴻篇巨製。

2.1 中國傳統建築倫理思想的理論基礎

建築作爲人之創造，受諸多因素影響，中國傳統建築是整個中國文明象徵的一部分。中國傳統建築深受中國傳統文化的影響，與中國的儒、釋、道、風水等文化思想息息相關，反映著中國傳統文化的宇宙觀、自然觀、環境觀、審美觀。中國傳統建築倫理的發展與中華民族漫長的進化、形成與發展是相生相伴的。從原始社會中人類出於對天的敬畏到河洛地區出現河圖洛書，中國人對於天的崇拜影響到中國人的生活，出現順天思想。後來，董仲舒「天

〔註 1〕馬克思，《1844 年經濟學哲學手稿》〔M〕，北京：人民出版社，2000 年，第 46 頁。

人合一」思想的提出則強化了儒家思想，並確立了儒家思想的地位，成爲封建統治者的執政思想。由此，儒家思想中的等差有別、尊卑有序的思想成爲歷代帝王營建宮室的依據。同時，道家清靜無爲的思想成了封建士大夫所推崇的處世方式之一，並被運用到中國的園林建造技藝之中。而佛教的傳入，也使中國本地的宗教建築，諸如塔、壇等發生了顯著變化。所以，有的學者認爲「研究建築也就是研究一門藝術和一種文化，而考察建築文化則需從其文化起源、原始宗教、人文思想等方面朔源」〔註2〕。

2.1.1 原初意識

在原始社會，人們抵禦自然的能力很低，常常受到大自然的淩踐，諸如狂風、暴雨、大雪、冰雹、霜凍等。這些災難大多來於天，變幻無常，令人生畏，於是人們相信天是有意志的，是人的命運以及萬事萬物的主宰者。所以，最初的人是畏天的，在害怕遭到天神的懲罰時，不得不使自身的行爲順乎天意；同時，人類爲了保護自我的生存，遠離蟲蛇野獸侵襲，從自然界中人爲地劃出了遮風蔽雨的棲身之所，這即是原始建築的雛形。原始社會的人們用身邊現有的物質作爲擋風遮雨的材料，是他們實用觀的直接體現和世界觀的樸素表達。

人類在建築物出現之前選擇了兩種居處方式，其中一種是巢居。巢居即以巢爲棲居之所，在樹上棲息。（如圖：2-1-1 原始巢居發展示意圖）「上古之世，人民少而禽獸眾，人民不勝禽獸蟲蛇，有聖人作，構木爲巢，以避群害。」〔註3〕這種「構木爲巢」的居處多處有記載，《莊子・盜跖》載：「且吾聞之，古者禽獸多而人民少，於是人皆巢居以避之。」〔註4〕這種用枝條搭成的鳥巢式樹上房屋成了人類最早住所的形式之一。這種巢居適應南方氣候環境，因爲南方樹林茂密濕熱、蟲蛇野獸較多，原始人爲了適應環境，就地取材就地建造。此時原始人尚未對這種「木構」建造有明確的意識，只不過是隨鑽木取火、劈砸石器等無意識條件反射而誕生的一種社會行爲，嚴格地講，這算不得建築。

〔註2〕漢寶德，《中國建築文化講座》〔M〕，上海：生活・讀書・新知三聯書店，2006年，第48頁。

〔註3〕《韓非子・五蠹》。

〔註4〕《莊子・盜跖》。

2-1-1　原始巢居發展示意圖

同期，在北方（主要指黃土高原與中原地帶）發展了另外一種形式，就是把天然的洞穴略加改造後成爲住所，「上古穴居而野處」。〔註 5〕（如圖：2-1-2 原始穴居發展示意圖）在生產力水平低下的狀況下，天然洞穴爲人類在長期生存期間提供了最原始的家，它滿足了原始人對生存的最低要求。顯然也是最宜居住的「家」。

2-1-2　原始穴居發展示意圖

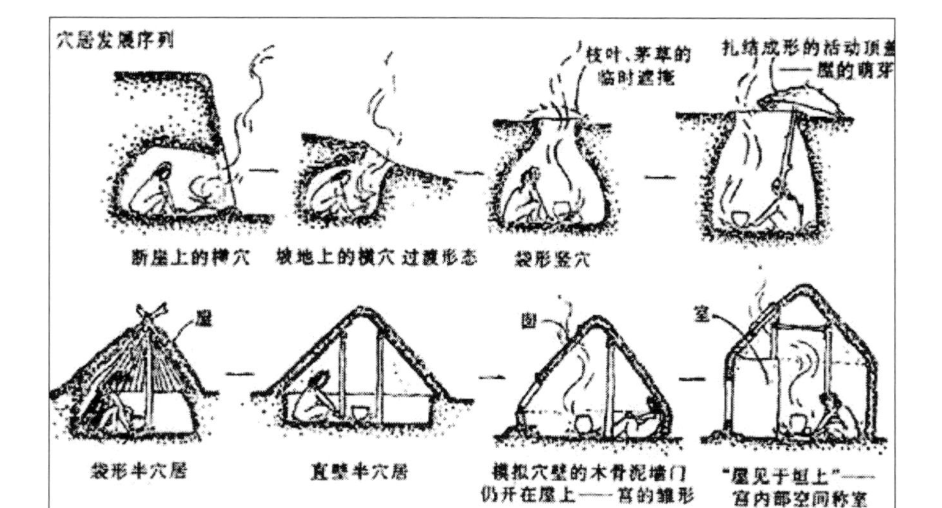

〔註 5〕《易經・繫辭下傳》。

《禮記》載，「昔者先王未有宮室，冬則居營窟，夏則居橧巢」〔註 6〕，遠古人民在冬天都住在洞穴裏，到了夏天就遷往樹上的巢屋，可見巢者與穴居也非因地域而截然分開。

進入氏族社會以後，隨著生產力水平的提高，房屋建築也開始出現。但是在環境適宜的地區，穴居依然是當地氏族部落主要的居住方式，只不過人工洞穴取代了天然洞穴，「後世聖人，易這以宮室，上棟下宇，以待風雨，蓋取諸大壯。」〔註 7〕

當然，人類的生活方式並不是從天然洞穴過渡到人工洞穴這麼簡單，而是人類從群居的野外生活進化到以家庭爲單位的私密生活，終於有了自己特立獨行的思想，這就是文明的發端。從某種意義上來說，這種特立獨行的思想，即原初意識。這種原初意識是憑藉其特有的宇宙自然觀或時空意識來實現的，是古代中國人的天地崇拜及祖先崇拜觀念。古代中國人在實施其建造行爲時，幾乎無不依循這種宇宙自然觀或時空意識來展開自己的建築思緒，幾乎無不考慮天地崇拜及祖先崇拜的實效性或象徵性。「觀乎天文，以察時變；觀乎人文，以化成天下。」〔註 8〕

原始社會的「巢居」、「穴居」方式雖早已退出歷史舞臺，但在長期歷史環境的變遷中，受社會、自然、文化等多種條件的制約與影響，作爲一定時期內特定地理環境下的產物，對我們祖先的生存發展起到了重要作用。同時，鮮明的地方特色也構成了這樣獨特的人文景觀。至今在黃土高原依然有人在使用這類生土建築，這也說明了它對環境的極端適應。

在人類初期，原始人要認識自然又不瞭解自然，於是便將自然想像爲具有思想、情感與意志的存在，這就形成了萬物有靈的觀念。在這種觀念之下，人們或出於恐懼、或出於感激形成了對自然物的崇拜。人們用犧牲與巫禮來溝通自然界的神靈。這種情形在人類的最初階段都有出現，並非中國所獨有。在這一階段上，人的主體意識雖然朦朧地展現出來，但是還不明確，並沒有完成眞正意義上的主體自覺。

〔註 6〕《禮記・禮運篇》。
〔註 7〕《易經・繫辭下傳》。
〔註 8〕《周易・賁卦彖傳》。

2.1.2 風水堪輿

堪本意爲凸地，《說文解字》:「堪，地突也。」段玉裁注:「地之突出者曰堪。」遂，堪的引申義爲天，且有勘察之意。而輿本意是車廂，「承輿」即爲研究地形地物之意，著重在地貌的描述。堪輿即風水，「風水」一詞直到晉代才有郭璞爲他給出了一個定義，即「氣乘風則散，界水則止，古人聚之使不散，行之使有止，故謂之風水。風水之法，得水爲上，藏風次之」〔註 9〕。風和水是堪輿家研究的重點，其範圍包含住宅、宮室、陵墓、村落、城市諸方面，因此，堪輿（風水）與人之命運休戚相關。

《尙書》載:「惟太保先周公相宅。越若來。三月。惟丙午朏。越三日戊申。太保朝至於洛。卜宅。厥既得卜。則經營。越三日庚戌。太保乃以庶殷。攻位於洛汭。越五日甲寅。位成。若翼日乙卯。周公朝至於洛。則達觀於新邑營。」〔註 10〕在營建洛邑之前，有勘察卜問而後定之行爲。由此可見，周朝就有風水之術。

一定程度上講，堪輿學即天地之學。它是以河圖洛書爲基礎，結合八卦九星和陰陽五行的生克制化，把天道運行和地氣流轉以及人在其中，完整地結合在一起，形成一套特殊的理論體系，從而推斷或改變人的吉凶禍福，壽夭窮通。

河圖與洛書源自河洛文化，歷來被認爲是河洛文化的濫觴。它是中華文化、陰陽五行術數之源，最主要的標誌是河圖和洛書。「河出圖，洛出書，聖人則之。」〔註 11〕意思是說，黃河裏出現龍圖，洛水裏出現龜書，聖人行事便以它爲準則。河圖與洛書究竟是什麼樣？《易經》沒有繪圖，也沒有具體的文字解釋。世傳河圖洛書，出自北宋，河圖作黑白圈五十五，洛書作黑白圈四十五。(如圖：2-1-3 河圖洛書圖)

河圖，「天一生水，地六成之；地二生火，天七成之；天三生木，地八成之；地四生金，天九成之；天五生土，地十成之。」

洛書，結構是戴九履一，左三右七，二四爲肩，六八爲足，以五居中，五方白圈皆陽數，四隅黑點爲陰數。

〔註 9〕（晉）郭璞，《葬經》，選自虛生上人著《宅經》心得〔M〕，南京：江蘇人民出版社，2010 年，第 198 頁。

〔註 10〕《尚書・周書・昭诰篇》。

〔註 11〕《易經・繫辭上》。

2-1-3　河圖洛書圖

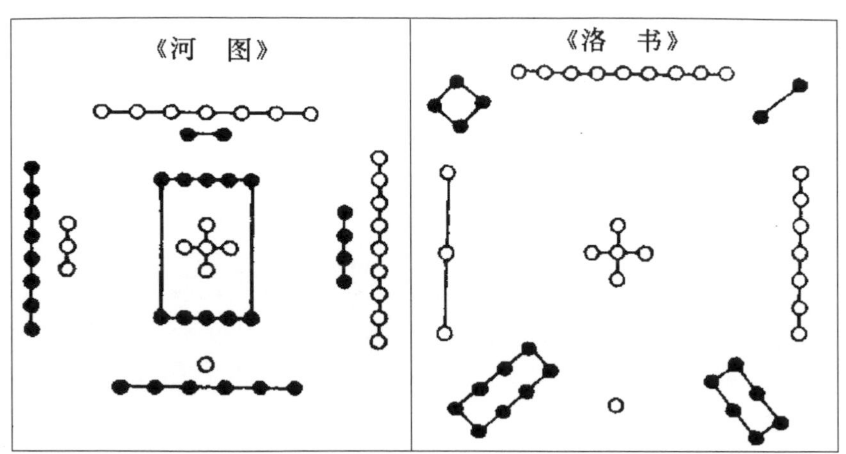

在河圖與洛書合一中，河圖形圓，陰陽合一，五行一氣，無爲順生自然之道。洛書形方，陰陽錯綜，五行克制，有爲逆運變化之道。（如圖：2-1-4 河圖洛書合一圖）圓以象天，一氣流行，渾然天理，無修無證，從太極中安身，所以了性。方以象地，兩儀變化，天人合發，有增有減，在陰陽中造作，所以了命。無爲者，純陽未破，上德之人修之；有爲者，後天已交，中下之人修之。特以上德之人，五行合一，先天祖氣未傷，性命一家，無待返還之功，只用天然眞火以溫養之，不爲後天所傷，神全氣足，誠則能明，由中達外，露出法身，永久不壞，歷劫長存，道家謂之身外有身，釋家謂之跳出輪迴，儒家謂之聖而不可知之之謂神。

2-1-4　河圖洛書合一圖

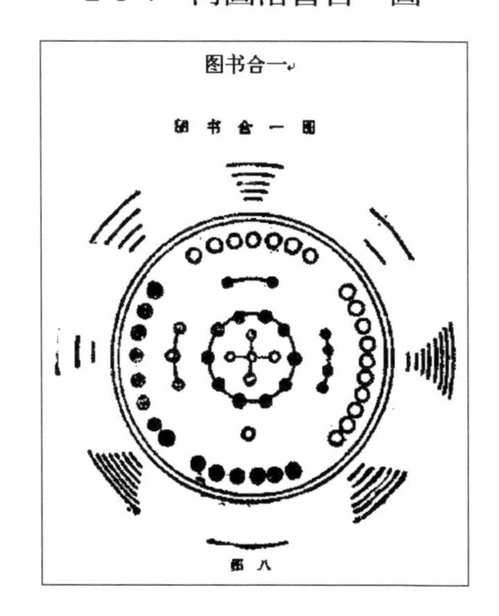

河圖像形之理：河圖本是星圖，其用爲地理，故在天爲象，在地成形也。在天爲象乃三垣二十八宿，在地成形則青龍、白虎、朱雀、玄武、明堂。天之象爲風爲氣，地之形爲龍爲水，故爲風水。乃天星之運，地形之氣也。所以四象四形乃納天地五行之氣也。

河圖五行之理：河圖定五行先天之位，東木西金，南火北水，中間土。

五行左旋而生，中土自旋。故河圖五行相生，乃萬物相生之理也。土爲德爲中，故五行運動先天有好生之德也。

河圖陰陽之理：土爲中爲陰，四象在外爲陽，此內外陰陽之理；木火相生爲陽，金水相生爲陰，乃陰陽水火既濟之理；五行中各有陰陽相交，生生不息，乃陰陽互根同源之理；中土爲靜，外四象爲動，乃陰陽動靜之理。若將河圖方形化爲圓形，木火爲陽，金水爲陰，陰土陽土各爲黑白魚眼，就是太極圖了。此時水爲太陰，火爲太陽，木爲少陽，金爲少陰，乃太極四象也。故河圖乃陰陽之用，易象之源也。易卜乃陰陽三才之顯也。

河圖先天之理：什麼叫先天？人以天爲天，天以人爲天，人被天制之時，人是天之屬，人同一於天，無所謂人，此時之天爲先天；人能識天之時，且能逆天而行，人就是天，乃天之天，故爲後天。先天之理，五行萬物相生相制，以生發爲主。後天之理，五行萬物相剋相制，以滅亡爲主。河圖之理，土在中間生合萬物，左旋動而相生，由於土在中間，相對克受阻，故先天之理，左行螺旋而生也。又，河圖之理爲方爲靜，故河圖主靜也。

《周易》假設，宇宙在其原初階段是一片混沌狀態，即所謂「太極」。由於變易是宇宙的規律，因而「有太極，是生兩儀（陰陽），兩儀生四象（金、木、水、土），四象生八卦；八卦定吉凶，吉凶生大業」〔註 12〕；而這一切變化都是受陰陽的對立統一法則支配的，所以說：「一陰一陽之謂道」，即整個自然界和整個人類社會都是在這一法則的支配下形成的。《洪範》則提出：「五行：一曰水，二曰火，三曰木，四曰金，五曰土。」戰國時期的陰陽家鄒衍主張「五德終始說」，「五德」是指五行木、火、土、金、水所代表的五種德性，按《道德經》的解釋，「德」是世界萬物發展的動力。「終始」指「五德」的周而復始的循環運轉。以「天人合一」和「天人感應」思想爲基礎，鄒衍常常以這個學說來爲歷史變遷、皇朝興衰作解釋。後來，皇朝的最高統治者常常自稱「奉天承運皇帝」，當中所謂「承運」就是意味著五德終始說的「德」運。鄒衍說「五德從所不勝，虞土、夏木、殷金、周火。」木克土、金克木、火克金、水克火、土克水。由於黑色屬於水，所以秦朝崇尚黑色。鄒衍把行代表的五種德性是以相剋關係傳遞建構了他的「五德終始說」，認爲它們之間的關係是相生相勝的，即木生火，火生土，土生金，金生水，水生木。但同時又是，木克土，火克金，土克水，金克木，水克火。（如

〔註 12〕《周易・繫辭上》。

圖：2-1-5 五行相生相剋圖）

2-1-5　五行相生相剋圖

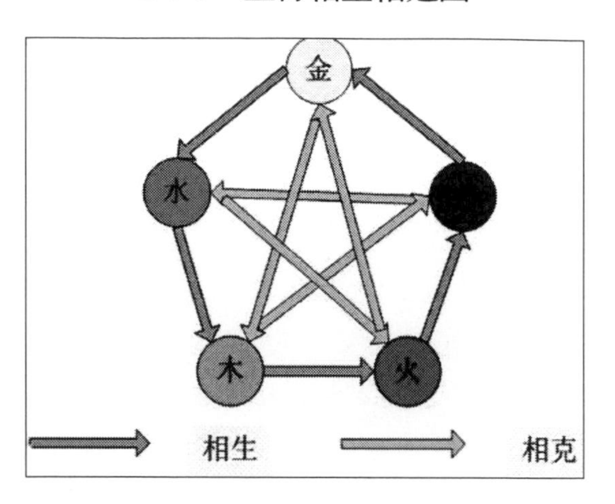

由於金、木、水、火、土是相生相剋的，並且具有特定的性質和意義，因而在處理這五種「元素」關係上，便必須遵循其內在法則。五德終始說雖然是一種安邦定國的理論，但是，也可以用於其他各種事物上，譬如古人建都城宮殿，講究「上合天地陰陽之數」，以成「萬世基業」。明朝改建大都爲北京時，因東西城牆受地形的限制不宜改動，爲了找到以「大衍之數五十」〔註 13〕來取代元大都的九五貴位的比附手法，便將大城和宮城平行南移，以壓縮北城。並且，爲了「鎮壓」元人的復辟和毀掉它的地脈，不僅毀滅了元宮，而且還在元宮的舊址上堆起了一座「渣山」，亦即「鎮山」，也就是現在的景山。此外，在建築村落的選址上風水也很重要。因爲古人往往是「聚族而居」的，他們要從此地遷徙彼地便不能不選擇一個風水好的地方，這樣才有了浙江蘭溪的諸葛村，武義的郭洞村，山西沁水的西文興村，以及安徽黟縣的西遞村和宏村等在「風水寶地」上建立的村落。（如圖：2-1-6 安徽黟縣的西遞村和宏村）

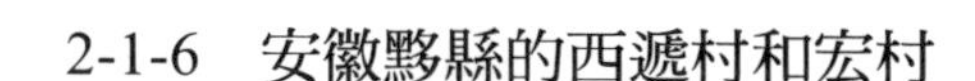
2-1-6　安徽黟縣的西遞村和宏村

〔註 13〕《周易・繫辭》。

不過，較之陰宅，風水對於房屋建築的影響並不很大，雖然東漢時期大學者劉熙在它的名著《釋名》中謂：「宅，擇也。宅擇吉處而營之也。」〔註 14〕《黃帝內經》亦云：「夫宅地，乃是陰陽之樞紐，人倫之軌模，……凡人所居，無不在宅，……故宅者人之本。人以宅爲家，居若安，即家代昌機吉；若不安，則門族衰微。」〔註 15〕不過，在通常的情況下，房屋都必須坐北朝南，這是不能更改的，所以，它對於房屋的方位便不可能產生影響；而且房屋的大小、高低、結構等等都有定制，而不能違反，所以，它對於房屋本身也不可能產生過大影響。但是，墳墓就不同了。它建在什麼地方，應取什麼方位，應具什麼外觀，則都是由風水師的一言而定。宋明以後，風水理論由關注帝王的星象堪輿地理，轉向了歸依自然的「天人合一」理論探索。

2.1.3 儒家文化

中國的哲學永遠是倫理的哲學。在兩千多年的發展過程中，中國傳統文化受儒家思想的影響深遠。儒家思想滲透到現實生活的各個方面，在無形中影響著中國人的人生態度，在西方被歸納爲「儒家文化」流派。簡單來說，中國的文化體現的是以儒家文化爲核心的文化傳統。因此，在這種體系中，中國傳統建築也就成爲儒家思想的體現物之一。

儒學自西漢武帝罷黜百家、獨崇儒術以後的兩千多年中，始終是居於統治地位的一種意識形態，對中國古代社會的一切方面皆有著重大影響，是中國古代社會幾千年中的精神主軸。雖然漢代以後有道教的創立和佛教的傳入與盛興，但佛、道之學始終居於附從地位，在中國人心目中，儒學才是正統。

理學繼承儒學和道、佛的哲理，使儒學演化成爲思辯形態，從而建立起龐大完善的思想體系，是中國哲學認識史的一大飛躍。理學與天道觀思想的發展是一脈相承的，理學在宋初即爲道學。理學對天道運行的探索，重點在於探究社會秩序的建立和人生終極關懷的達到如何與對天道運行的正確理解相契合。

在社會秩序上，朱熹基於理一分殊的本體論，竭力維護封建社會的等級

〔註 14〕（東漢）劉熙撰，（清）畢沅疏證，王先謙補，祝敏徹，孫玉文點校，《釋名疏證補》〔M〕，北京：中華書局，2008 年，第 69 頁。

〔註 15〕李少君編著，《黃帝宅經》〔M〕，陝西：陝西師範大學出版社，2008 年，第 23 頁。

制度。他認爲萬物「所居之位不同，則其理之用不一。如爲君須仁，爲臣須敬，爲子須孝，爲父須慈，物物各具此理，而物物各異其用，然莫非一理之流行也」〔註 16〕。把「天理」於社會人倫的「分殊」表達爲仁義禮智信的封建道德內容，以「三綱五常」爲社會之紀綱。要求君主「仁政正心」以立社稷紀綱，要求民眾「革盡人欲，復盡天理」。朱熹於理學思想的基礎上，提出了一整套對後世封建社會影響深遠的社會道德秩序和人倫規範。

中國文化的基本精神來自儒家哲學，張岱年先生在《文化與哲學》中講，中國古代哲學可以成爲「天人之學」〔註 17〕。「天人之際」即人與自然的相互關係，而這也是關乎文化方向的根本問題。關於這一問題，中國哲學中存在兩個基本觀點：天人合一與天人交勝。

所謂天人合一的思想發端於孟子的「知性則知天」〔註 18〕，到北宋，才獲得了比較明確的理論意義：「乾稱父，坤稱母，予茲藐焉，乃混然中處。故天地之塞吾其體，天地之帥吾其性。民吾同胞，物吾與也」〔註 19〕。天人合一的意義主要是指：人是自然界的一部分，是自然界所產生的；人必須遵循自然界的普遍規律，且同於人應遵循的道德規律；人生的理想就是天人和諧，萬物「並育而不相害」〔註 20〕。因此，儒家提出「以德服人」和「以力服人」，即一種內聖外王的完美狀態。在現實中，這種儒家文化呈現出的是一種和諧、秩序及權威。這樣的文化品質體現在建築領域，就表現爲穩定、協調、中正和威嚴。爲體現「三綱五常」的倫理秩序，宗祠、宮廷具有極爲重要的地位，這種「宮殿式」建築是中國傳統建築文化的集中體現。但誠如梁思成先生所言：「表現中國精神的途徑尚有許多，『宮殿式』只是其中之一而已。」〔註 21〕與中正、威嚴這樣的宮廷建築截然不同的是中國園林建築中體現的山水文化，「天人合一」則是這一形式的思想內核。這也是儒家和道家的哲學思想相結合的體現。園林建築，著名的如蘇州「拙政園」，講求的就是自然、和諧，山水樹木、亭臺樓閣相互掩映，人居與自然合一，這也符合古人

〔註 16〕《朱子語錄》卷十八。

〔註 17〕張岱年，《文化與哲學》〔M〕，北京：中國人民大學出版社，2006 年，第 137 頁。

〔註 18〕《孟子・盡心上》。

〔註 19〕語出《正蒙・乾稱篇・西銘》，（北宋）張載，《張子正蒙》〔M〕，上海：上海古籍出版社，2000 年，第 98 頁。

〔註 20〕《禮記・中庸》。

〔註 21〕梁思成，《中國建築史》〔M〕，天津：百花文藝出版社，1998 年，第 45 頁。

「內聖」的內心訴求。

儒家倫理思想對中國傳統建築倫理的影響大體可以歸究爲四個方面：

其一，儒家崇尚禮制，禮成爲帝王治國之本和個人立身行事的倫理準則，由此產生了建築上的多種類型及其形制，如殿堂、宗廟、壇、陵墓等，尤其是官式建築中更是如此。儒家主張的禮即尊卑有序，上下有別，所謂尊卑之禮見之於傳統建築即舉凡建築的開間、形制、色彩、脊飾，都有嚴格的規定，不得違制僭越；所謂有序即中正有序，故有建築平面布置的方整對稱，昭穆有序，從而形成都城、宮城及建築群體嚴格的中軸對稱佈局形制；所謂上下有別即孝親法祖，故有宗廟、陵墓之建營。

其二，儒家主張君權至上，「家國天下」，君、父、夫的絕對權威。皇帝是受命於天的萬民之主，是故建有以宮室爲中心的都城宮殿，用來體現君權至高無上。

其三，儒家主張敬天，「天意不可違」，作爲天之子對天地的祭祀是歷朝大祀，天子成爲唯一能與天交流的人，不知天之意或違背天意，天將降罪於民，故建有天壇、地壇、日壇、月壇，以及社稷、先農諸壇，以顯通天之意。

其四，儒家思想核心內容「仁、義、禮、智、信、恕、忠、孝、悌」滲透至中國人的思想方式，日常生活。國家甚至用牌坊這種特殊的富含倫理的建築形式來對某人進行道德褒獎。

中國傳統文化本質上是一種人倫文化，儒家思想作爲中國傳統文化中最重要的一支，其入世思想深刻地影響著中國傳統建築。自儒家倫理的核心「天人合一」思想的誕生，中國的建築藝術就自始至終都深受影響。

2.1.4 道家文化

道教文化是中國傳統文化的重要組成部分，它以「道」來統攝自然、社會和人生三大層面，追求三者的自然平衡，以「道」爲最高哲學範疇。

老子認爲：「人法地，地法天，天法道，道法自然。」〔註 22〕道家的核心思想就是崇尚自然，追求自然。認爲自然的美，並不在於它的形成，而在於以自然爲運，以自然爲用，自然者道也。中國傳統民居受其影響是有目共睹的。我國民居多因地制宜，就地取材，表現出人們對家鄉的熱愛和對大自然

〔註 22〕《道德經》。

的尊重。建築與自然環境眞正融爲一體，達到了「宅以形勢爲身體，泉水爲血脈，以土地爲皮肉，以草木爲毛髮，以屋舍爲衣服，以門戶爲冠帶」的境界。莊子云：「天地有大美而不言。」〔註23〕如果說儒家強調的是官能、情感的正常滿足和抒發，是藝術爲社會政治服務的實用功利；道教強調的則是人與外界對象的超功利的無爲關係亦即審美關係，是內在的、精神的美，是藝術創造的非認識性的規律。

儒、道兩家思想，一個剛健有爲，一個柔順因循；一個入世進取，一個潛隱退守，這是他們達到相通和互補的眞正前提。所以，許多中國古代文人才能入世爲儒，出世爲道，或者熔儒道於一爐，張弛相濟，進退自如。

《道德經》和《周易》的宇宙觀念以及陰陽學說，是解讀中國傳統建築空間理論的重要文本。「道」是老子思想理論的核心範疇，它作爲「天地之始」和「萬物之母」，具有「有」和「無」兩種屬性：

「道，可道，非常道；名，可名，非常名。無，名天地之始，有，名萬物之母。故常無，欲以觀其妙；常有，欲以觀其徼。此兩者，同出而異名，同謂之玄。玄之又玄，眾妙之門。」〔註24〕

老子認爲，可以言說，可以命名的「道」決不是恒常的「道」；而作爲「天地之始」、「萬物之母」的「道」，則是不可言說、不可命名的。這個「道」是「常無」和「常有」的統一，就其形而上來說，它是「視之不見」、「聽之不聞」的「常無」；就其永恒存在、「先天地生」而言，它又是「常有」。「道」的這兩種屬性異常玄妙，但卻是產生萬物的總根和本源。

「道」既然是「常無」和「常有」的統一，它又是通過何種途徑與建築相聯的呢？老子以「車」、「器」、「室」爲喻，認爲建築（室）與車、器一樣，都是「有」和「無」的統一。「三十輻共一轂，當其無，有車之用。誕埴以爲器，當其無，有器之用。鑿戶牖以爲室，當其無，有室之用。故有之以爲利，無之以爲用。」〔註25〕既然「道」是「常無」和「常有」的統一，那麼，作爲「道」所生之物（車、器、室）自然也是「無」和「有」的統一。「有」指器物，「無」指空間，車輛、器皿、房屋之所以能滿足不同的功能需求，並不在於圍護空間的那個實體，而是空間本身。但這個空間又不能脫離這些圍合

〔註23〕《莊子・知北遊》。
〔註24〕《道德經》。
〔註25〕《道德經》。

物而單獨存在，它們之間相互依存。

老子關於「有無相生」的辯證論述，深刻地揭示出建築空間的本質特徵，成為中國傳統建築時空觀念重要的理論基礎。

此外，道家的一個重要特點便是崇拜神仙，這都或多或少直接或間接地影響到傳統建築的類型與倫理表達，古代的宮觀建築可謂是哲學與宗教的結晶。宮、觀是道教祭神和舉行法事儀禮的場所，也是某一道派的傳教點。道教創立之前的道家認為「仙人好樓居」，樓乃高層建築，所以道教早期建築中多樓閣與臺，即使普通房舍也多在二層以上。《東觀漢記》有「公孫述造十層赤樓」，《道德經》有「九層之臺起於累土」的說法。有詩云「山不在高，有仙則名；水不在深，有龍則靈」〔註 26〕，所以道教的宮觀多建於山上，且四周青山環繞，鳥語花香，松柏蒼翠，觀內則幽靜深遠，一樓一臺，一塔一爐，一花一木無不顯示出教徒們成仙得道的願望；即便是城市中的道觀也是古樹參天，優雅深邃，極力營造人間仙境。

2.1.5 佛教文化

兩漢之際，佛教傳入中國。最初，中國人把佛教看作方術之一種。到公元二世紀，則可能出現了一些以道教語境相類似的小乘譯文，像是普及讀本一樣，並未觸及佛教之奧義。公元三、四世紀，佛經的譯文增多，人們對佛家的形而上學思想瞭解得更多了，但解釋佛家的著作仍多援引道家的語境。這樣的情況到五世紀有了一個根本的改變，著譯大師鳩摩羅什以釋義法解釋佛經，雖然仍然使用道家的名詞術語，但釋義法還是令人們看到了經典的內在思想，這實際上是對印度佛教思想和中國道家思想進行的一次融合的努力。

佛教傳入中國之後，不斷地和中國文化相融合，其中大乘佛教的中道宗（三論宗）與道家思想便有某些相似之處，最終與道家相互影響形成了「禪宗」，它不僅僅是佛教的一個宗派，在思想上還體現了很多道家的內容，並對中國哲學、文學和藝術產生了深遠的影響。至唐代結束，佛教傳入中國大約一千年，最終完全融入中國文化，並先後輸往朝鮮半島和日本，而中國化的佛教也形成了以禪宗、淨宗和律宗三家為主的情勢。

〔註 26〕劉禹錫，《陋室銘》，選自梅慶吉編著，《唐詩分類鑒賞》〔M〕，大連：大連出版社，2009 年，第 167 頁。

自唐以後，佛教徒逐漸有了官銜，漸漸地被納入了以儒家爲核心的政權體制，同時與儒家的相互影響，也使得文化層面的融合越來越多。而佛教本身也因此越來越不同於其最初的樣子。

劍橋中國史中這樣描述佛教的傳入：「正當道教運動大發展的時候，佛教傳入中國。中國人第一次碰到了一種完全獨立於他們自己的傳統的思想方式，而且這種思想並不亞於他們自己的思想。這是一種震動，使他們本能的作出反應，把佛教吸收到道教中來……中國的佛教不大像是在中國的印度佛教，而是適應中國的特殊的新佛教。」〔註 27〕無獨有偶，許倬雲先生也認爲：「佛教進入中國，是中國文化史上的一件大事。中國文化第一次接受另一個人類重要文明的影響，相當程度上改變了自己的文化特質。」〔註 28〕而這種特質，是我們無法輕易擺脫的。

佛教文化對中國傳統建築文化的影響歸納起來有四點：

首先，影響最大的就是「塔」。在中國的傳統建築文化中，處處都體現了對美好事物和理想世界的追求、嚮往。神仙的逍遙不死和佛國的極樂永恒都使人們夢寐以求。建築中的金剛寶座塔——曼荼羅就是象徵著以須彌座山爲中心的九山八海式的佛國世界。〔註 29〕塔這種建築形式緣起於古代印度，稱作窣堵坡（梵文 stûpa），隨著佛教傳入中國的窣堵坡與中土的重樓結合後，經歷了唐宋元明清各朝的發展，建築平面從早期的正方形逐漸演變成了六邊形、八邊形乃至圓形，其間塔的建築技術也不斷進步、結構日趨合理，所使用的材質也從傳統的夯土、木材擴展到了磚石、陶瓷、琉璃、金屬等材料。並且，寺院、石窟、經幢、石燈等都是具有佛家建築特色，傳入中國後，以中國土木建築的本土風格以及道教的建築模式綜合而成的形式，廣爲流傳。

其次，望柱和華表。望柱是指造型比較簡單的墓表，唐以後的墓表多爲這樣的石柱。一般這樣的石望柱的柱礎都有須彌座和植物卷草紋，有的石望柱甚至還有希臘多立克式的凹槽。這些元素源於印度的阿育王柱。阿育王時

〔註 27〕（英）崔瑞德，（英）魯惟一編，楊品泉等譯，《劍橋中國史·第一卷》〔M〕，北京：中國社會科學出版社，1992 年，第 98 頁。

〔註 28〕許倬雲，《中國文化的發展過程》〔M〕，貴陽：貴州人民出版社，2009 年，第 118 頁。

〔註 29〕王世仁，《佛國宇宙的空間模式》〔J〕，《古建園林技術》，1992 年第 1 期，第 22～28 頁。

代，印度請波斯工匠建造了許多弘揚佛法的石柱，被稱爲「阿育王石柱」（也成爲波斯波利斯紀念柱）。它們通常高達十幾米，重約五十噸。柱身圓形，刻著阿育王詔文。其中，以薩拉納特獅子柱最爲有名，該柱殘高 12.8 米，造型吸收了波斯和希臘石柱的特點：柱身有希臘柱的凹槽，柱頭有波斯蓮花組成的覆鐘，再上面圓形石盤上有圓雕的四頭一組蹲踞的雄獅。中國的望柱和華表顯然都是對阿育王柱造型的繼承。特別是提到希臘柱式，阿育王柱就是對希臘柱的直接複製，由此可以推見中國石望柱的造型是受阿育王柱的直接影響的。事實上，阿育王柱在結構上與中國的華表更爲接近，都具有柱礎、柱身、圓盤和頂獸。（如圖：2-1-7 福州開元寺阿育王石柱）傳說華表是古代帝王爲了能聽到老百姓的意見，而在街道上設置的「謗木」，後來演變成現在這個樣子，原先的功能已經去除，成了宮廷外的必要裝飾。通過外觀的比較，可以推理出華表的造型也受到了阿育王柱的影響。

2-1-7　福州開元寺阿育王石柱

再次，在中國的傳統建築裝飾裏，有一個十分具象且重要的表現，就是獅子。獅子形象在中國的出現，源於東漢時期，安息國王（伊朗高原的古代國家）贈獻獅子給漢章帝，隨後中國便有了獅子形象，獅子在佛教典籍中被尊爲獸中之王，也是佛陀說法時的座騎之一，在佛教中充當著護法這一角色，而後在中國從宮殿、陵墓到寺廟、祠堂，乃至普通的四合院，這些建築的門前都可以見到各式各樣的獅子。在牌樓、基臺、欄杆、柱礎的裝飾雕刻上也多見獅子的造型。不僅如此，獅子也是中國傳統建築雕塑中最常以獨立體態呈現的瑞獸。這就是佛教文化深入中國日常倫理生活的寫照。

佛教在中國的傳播過程，實質是兩種文化的相互滲透，中國文化對佛教建築形式的發展進行了同化，從最初的「捨宅爲寺」開始，就注定了佛教禮拜空間要按照中國的模式進行調整、同化。

中國建築文化一向以都城之中的宮殿、壇廟之類爲其主角，此乃王權文化、官本位文化與敬天祭祖的傳統文化使然。魏晉南北朝，由於經濟條件的制約，以及從思想意識上支持王權、官本位和敬天祭祖文化的儒學、經學的暫時受到壓抑，處於相對蕭條的歷史時期，使得佛教建築擠兌宮殿、壇廟、都城的文化地位而成爲歷史時代的建築代表符號。所謂「招提櫛比，寶塔駢羅」，並非虛言。〔註 30〕

儒家與佛、道兩家經過了很長的時間相互融合、滲透，均成爲中國文化的重要組成部分，三者之間，佛、道兩家既有競爭，又有交融；儒家與佛、道，則在入世與出世兩途之間，互相背叛，卻也彼此互補。而中國傳統倫理文化也呈現出了儒、釋、道多面的質素。

2.2 中國傳統建築倫理思想的基本內涵

中國傳統建築倫理思想的基本內涵首先表現爲對禮的維護，這也是中國傳統建築的倫理價值追求，禮能維護社會秩序，能使社會等級化。子曰：「禮之用，和爲貴。先王之道，斯爲美；小大由之。有所不行，知和而知，不以禮節之，亦不可行也。」〔註 31〕以一定的規矩制度來節制人們的行爲，調和各種衝突，協調人際關係，使人事處理恰到好處，這就是封建禮制的正面倫理價值，同樣，建築也表現這種禮制。除此之外，中國傳統建築追求「天人合一」的意識、崇尚「返樸歸眞」的園林設計，構建眞正適宜人居的環境，並使個體能從建築群中找到自我的位置。

2.2.1 禮樂制度——森嚴等級

中國古代君王都期望國泰民安，百姓安居樂業，而爲了這種安穩的環境，君王一般都會消弭爭奪戰亂，節制驕奢淫逸，做到安定社會。因此，禮就成了封建君王所倡導的規制，有一個穩定和諧的人間秩序總是要一定的禮儀規範來調節的，包括需要有一定的等級秩序、禮文儀節，這是古今中外概莫能外的事情。而中國傳統建築普遍蘊涵著中華傳統倫理價值追求，這種建築倫理價值，是作爲「世界文化遺產」的「世界價值」之所在。(如圖：2-2-1 宮門)

在中國古代奴隸制社會和封建社會裏，人們按照他們的血統、職業等條件，分別隸屬於不同的身份等級。統治階級爲了實現他們統治的長治久安，

〔註 30〕（北魏）楊衒之著，周振甫譯注《洛陽伽藍記》之序〔M〕，南京：江蘇教育出版社，2006 年，第 3 頁。

〔註 31〕《論語・學而》。

就不得不在方方面面規定出不同階層的人必須遵守的典章制度，期望籍此來達到他們所企望的理想社會秩序，如最典型的「士、農、工、商」等級，規定不同階層的人們可以使用的建築形式和建築規模，並形成了一套典章制度，這就是建築等級制度。但是在幾千年的封建社會裏，建築等級制度的嚴格執行，無論在空間上還是時間上都是有限的，在各個時代都不免出現「僭越」之舉，然而正是這種「僭越」說明了倫理文化在建築背後所起的巨大作用。

2-2-1　宮門

「在中國兩千餘年的封建等級制社會中，不同等級建築的形式，屋頂的式樣、面闊、色彩裝飾、群體組合、方位朝向、建築用材，幾乎所有的細則都有明確的等級規定，建築就成了傳統禮制的象徵與載體。城制等級，建築組群的規制等級，間架做法等級，裝修、裝飾等級等，規定之嚴格，限定之細密，構成了中國古代建築的獨特現象。」〔註 32〕

統治者從型制上規定了被統治者所能使用的建築，正是想從文化上給被統治者以壓抑，而被統治者的「僭越」說明他們認同了這種身份上的差距，他們「僭越」是爲了通過這種方式來實現自己對進入上層階級的企盼。「僭越」者在文化上的價值取向與頒佈建築等級制度的統治者的價值取向是一致的。這點說明了人們爲了達到某種文化上的目的，就要通過現實表現出來，作爲需要花費巨大人力物力，並能反映當時的科學工程技術水平的建築就成爲其擁有者身份的絕佳炫耀方式之一。

就目前所掌握的史料看來，至少從周代開始，建築等級制度成爲國家的根本制度之一。它以「禮」的形態出現。到了唐代，當時的建築等級制度以較完整的形態保留在史籍當中，這在一定程度上表示了統治者對於建築等級制定的重視。唐代與周不同的是規定了：「宮室之制」自天子至庶人各有等差，

〔註 32〕秦紅嶺，《儒家倫理與中國傳統建築》〔J〕，《新建築》，2004 年第 7 期，第 65～67 頁。

與周的「禮不下庶人」〔註 33〕有所不同。宋則基本上沿襲了唐代的建築等級制度。儘管元代以少數民族入主中原，但仍未取消建築等級制度，「禮」這一儒家倫理思想的影響之廣可見一斑，少數民族爲了統治中原，就必須接受中原根深蒂固的儒家思想。至明代，朱姓一族以正統漢民族自居，更加強調了儒家禮制原則，建築等級制度也被提到了一個新的高度上，比唐宋要更爲嚴格苛刻。清代雖然仍是少數民族再次統治中原，但是清代統治者入關之後大力採納吸收漢文化，建築等級制度大體沿襲明制。

在中國古代，建築與「國家」、「車旗」、「衣服」、「禮儀」相提並論，是中國古代統治者籍以和被統治者區別其身份地位的標誌之一，如《唐會要》《明會典》等中都有《輿服部》的記載。《唐會要・卷三十一・輿服部・雜錄》記載：

準營繕令。王公已下。舍屋不得施重栱藻井。三品已上堂舍。不得過五間九架。廳厦兩頭門屋。不得過五間五架。五品已上堂舍。不得過五間七架。廳厦兩頭門屋。不得過三間兩架。仍通作烏頭大門。勳官各依本品。六品七品已下堂舍。不得過三間五架。門屋不得過一間兩架。非常參官。不得造軸心舍。及施懸魚對鳳瓦獸通栿乳梁裝飾。其祖父捨宅。門廕子孫。雖廕盡。聽依仍舊居住。其士庶公私第宅。皆不得造樓閣。臨視人家。近者或有不守敕文。因循製造。自今以後。伏請禁斷。又庶人所造堂舍。不得過三間四架。門屋一間兩架。仍不得輒施裝飾。又準律。諸營造捨宅。於令有違者。杖一百。雖會赦令。皆令改正。〔註 34〕

因此，建築不僅僅承擔了本身使用上的功能，也承擔起了標榜「禮」的倫理價值任務。自漢代崇儒家、重禮、執禮，主張仁禮並重、文質並茂，古代中國人的建築，尤其是作爲統治階層的官式建築無不想通過蘊涵倫理禮教的建築來維繫、加固封建禮教和社會等級。

中國傳統建築等級制度各朝各代是不盡相同的，譬如周代時，王侯都城的大小、高度就有了等級差別。堂的高度和面積，門的重數，宗廟的室數逐級遞降。只有天子、諸侯宮室的外門可建成城門狀，天子宮室門外建一對闕，諸侯宮室門內可建一單闕；天子宮室的影壁建在門外，諸侯宮室的影壁建在門內；大夫、士只能用簾帷，不能建影壁。天子的宮室、宗廟可建重簷廡殿

〔註 33〕《禮記・曲禮上》。

〔註 34〕《唐會要・卷三十一・輿服部・雜錄》。

頂，柱用紅色，斗、瓜柱上加彩畫；諸侯、大夫、士只能建兩坡屋頂，柱分別塗黑、青、黃色。連椽子的加工精度也有等級的差別。

不僅不同朝代不同規矩，不同人員也是不同對待的。比如王府與皇帝的宮殿相比，就有很多東西是皇宮可以隨便用，王府碰都不可以碰的。比如王府宅門名叫府門，屋頂用的是綠瓦和灰瓦，而絕對不可以用皇宮通常使用的黃色琉璃瓦；屋頂造型王府只能用氣勢稍弱的硬山頂，而不能採用皇宮的歇山頂式；雖然仍可用脊獸裝飾，但在數量上卻有嚴格規定，不能超過九個。

古代的建築等級制度甚至延伸到了城門上。唐代城門就有著等級差別：都城每個城門開三個門洞，大州正門開兩個門洞，縣城開一個門洞；城中道路寬度也分級別。

因此，古代的豪商和鄉紳再有家資，也不敢在居所上大勢擺闊。因爲他們的社會地位與朝臣相比，不可同日而語。商宅是不能使用金柱大門和廣亮大門的，只能使用規模更小的蠻子門，門上方也沒有裝飾，尤其不可設雀替。因爲雀替是身份等級的象徵，是官職的象徵。如果你財力不足，可以減等建造，但僭越逾等者即屬犯法，富商有錢也不准住豪宅。《唐律》規定建舍違令者杖一百，並強迫拆改。如被指爲摹仿宮殿者，就會招來殺身之禍。「逾制」在古代不僅會受到處罰，而且還會受到輿論的譴責，是很擡不起頭的事情。但各朝各代單因建築逾制而致禍的，代不乏人。如《明會典》載：明嘉靖二十九年，伊王府因多設門樓三層，「奏准勘實，於典制有違，俱行拆毀」，沒有絲毫情面可講。漢代霍光墓地建三齣闕，成爲罪狀之一。東晉王、北魏李世哲建屋逾制受到指責。南宋初秦檜企圖以捨宅逾制陷害張浚。清和事敗後，因其宅內建楠木裝修和園內仿建圓明園蓬島瑤臺而被定爲僭擬宮禁之罪。

古代建築等級制度的實行，對中國傳統建築的發展有著很大的影響。讓中國傳統建築形成了自己獨特的風格，但同時也束縛了其發展。比如建築行業上，一旦有新的材料等發明，被皇宮所採用的話，就有可能被禁令起來專爲皇宮所服務。

眾所周知，中國傳統四合院式的建築就是建築物的功能與倫理禮制結合起來的經典原型。四合院是按宗法禮教要求設計興建的，和皇帝居所的格局是一脈相承的，當然規模要小得多，按房主人的身份地位有嚴格的區別，它更符合我國古代社會的家庭型制需要和宗教、倫理需要。王侯、高官和平民百姓，在四合院的大小、形式和可以使用的建築材料上，包括大門上釘多少門釘都有規定，不可逾越，用以體現那時的等級秩序。例如，北京一些四合院民居均爲正房三間，黑漆大門；正房五間，是貴族府第；正房七間則是王府。住在四合院中，有「冬天太陽可照進室內，正房冬暖而夏涼，庭院是戶外活動的場所」等好處，可惜四合院中只是正房有此好處，其他一多半的房間都不能朝南。這種結構符合中國尊卑、長幼有序，內外有別的禮法要求。可見四合院並非保證人人都有個好的生活環境，而是只有正房中的家長和地位高的人才能得天獨厚。

簡單講，四合院就是由北房、南房、東房、西房四面圍合，各房之間用牆連接起來的封閉式院落。這樣的建築樣式，在某種程度上講，不僅阻礙了人與自然的和諧，還妨礙社會的和諧。從紫禁城、王府到普通百姓的四合院，是一種從大自然還有社會中分隔出來的小圈圈。從上到下都可以關起門來稱孤道寡，稱王稱霸。高低貴賤只要看看你住在四合院的哪間房就一目了然了。四合院體現的是等級森嚴，其種類很多，有小型的一進式，也有複雜的多進式。最典型的就是三進四合院。住宅按南北縱軸線對稱布置房屋和院落，住宅大門位於東南角上，門內設影壁，屏避視線。前院設倒座，作爲僕役住房、廚房和客房。由二門進入四合庭院，坐北朝南位於中軸線上的堂屋最重要，是長輩起居、主人會客及供奉牌位的地方，東西廂房是晚輩住所。房屋四角以廊道或圍牆聯繫圍合，形成主次分明，安靜內斂的居住環境。較大規模的住宅則是以四合院爲基本單元，多個四合院相套而成的組群建築。整個住宅具有嚴格的軸線對稱，及「北屋爲尊，兩廂次之，倒座爲賓」的位置序列，強調了尊卑、長幼及內外秩序，帶有非常強烈的封建倫理色彩。以單體的個性犧牲，換取整體建築環境的和諧。這種強調建築群體組合必須有中軸線的平面佈局意識，講究對稱，講究秩序，表現了強烈的政治倫理色彩，可以說是中國建築文化的一大民族特色，是中國傳統民族倫理文化心理的空間化展現，雖然表露了中華民族自我中心意識的局限性，卻也在一定程度上反映了中華民族的凝聚力和向心力。

此外，牆多是中國傳統建築等級制度的又一特徵。牆多必定門多，而爲顯示氣派，朝南正門往往要開得又大又寬。因此對於注重封閉和內向的傳統建築群，就須在大門前造一堵牆作爲屏蔽，使通道上往來之人不能窺探內宅情況。同時作爲一種標識，使人產生空間變換的感覺，提醒作好進入內院的思想準備。這種牆就是前面提及的影壁或照壁，所稱「蕭牆」，一般官宦大戶人家建置較多。

總的來說，中國傳統的建築等級制度規定，經歷了由較爲粗疏向較爲縝密，由重宗教性向重世俗性，由重象徵向更多地注意美術裝飾效果的轉變。它的基本目標幾乎沒有變更，就是期望通過這一系列的規定，建立一個統治者所希望的世界秩序。它以儒家文化的總體倫理價值取向爲根據，並且是以中國古人對建築基本屬性的看法爲基礎的。〔註 35〕

2.2.2 意境追求——天人合一

哲學之思總是指向存在。天地萬物是如何存在，怎麼存在？對於這個命題，中國哲人基本主張「天人合一」。《易經》中就有強調三才之道，將天、地、人並立起來。天有天之道，天之道在於「始萬物」；地有地之道，地之道在於「生萬物」；而人之道的作用就在於「成萬物」。再具體地說：天道曰陰陽，地道曰柔剛，人道曰仁義。天地人三者雖各有其道，但又是相互對應、相互聯繫的。這不僅是一種「同與應」的關係，而且是一種內在的生成關係和實現原則。天地之道是生成原則，人之道是實現原則，二者缺一不可。在自然界中，天地人三者是相應的。（如圖：2-2-2 北京天壇）

2-2-2　北京天壇

〔註 35〕王魯民、沈恬著，《中國古典建築文化探源》〔M〕，上海：同濟大學出版社，1997 年，第 1 頁。

「天人合一」的提出源於莊子，「天地者，萬物之父母也。」〔註 36〕其後，被漢代思想家、陰陽家董仲舒發展爲天人合一的哲學思想體系，並由此構建了中華傳統文化的主體。「天人合一」鑄就了中國人傳統的人生觀，也成爲中國人對待生命的最好詮釋。「天人合一」是中國文化統攝一切的主導理念。

建築永遠與人的生活分不開。中國的傳統建築也滲透「天人合一」之意。那麼它是一種什麼境界？什麼樣的建築可以稱得上「天人合一」？

「天人合一」的完整概念首先是由西漢董仲舒建構的，他之所以建構這一學說，在於證明：「天者，群物之祖也，故徧覆包涵，而無所殊」〔註 37〕。而「人之本於天，天亦人之曾祖父也。」〔註 38〕因爲，只有「德侔天地者稱皇帝，天祐而子之，號天子。」〔註 39〕因爲，「人之形體，化天數而成；人之血氣，化天志而仁；人之德行，化天理而義；人之好惡，化天之暖清；人之喜怒，化天之寒暑；人之受命，化天之四時；……天之副在乎人，人之性情，有由天者也」〔註 40〕，而這些便是所謂的「天道」、「天理」。人爲了遵循「天道」、「天理」，便必須服從人君的統治，一如子女必須服從父親的統治一樣；並且由於「道之大原本於天。天不變，道亦不變。」〔註 41〕因此，臣民與帝王的這種關係是永遠不會改變的。儒家學說由此也就被神學化了，而完全成爲了維護君主專制統治的精神支柱。由此可見，儒家所謂的「天人合一」基本上是一種維護封建專制統治的學說。

《易經》云：「夫大人者，與天地合共德，與日月合共明，與四時合共序，與鬼神合共吉凶。先天而天弗違，後天而奉天時」〔註 42〕，意即「天人合一」需「天時、地利、人和」的兼具融合。雖然儒家講「天人合一」，道家主「自然無爲」，但不論是儒家的「上下與天地同流」〔註 43〕，還是道家的「天地與我並生，而萬物與我爲一」〔註 44〕，都把天地萬物和人看作緊密相聯的

〔註 36〕《莊子・達生》。
〔註 37〕《漢書・本傳》。
〔註 38〕《春秋繁露・爲人者天》。
〔註 39〕《春秋繁露・觀德》。
〔註 40〕《春秋繁露・人副天數》。
〔註 41〕《春秋繁露・人副天數》。
〔註 42〕《周易・乾卦》。
〔註 43〕《孟子・盡心》。
〔註 44〕《莊子・齊物論》。

共同體。中國傳統思想文明與思想理念的精髓和主旨就是使「天」與「人」相通，力求達到人與天地萬物的和樂、和睦、和諧與和融，就是要獲得那種「天地與我並生，而萬物與我爲一」〔註 45〕、「範圍天地之化而不過，曲成萬物而不遺」〔註 46〕的理想狀態與思想自覺。因此，人們處理建築與自然環境的關係就本著親近的態度，處處強調與自然的和諧相處。這其中不僅有受儒家思想影響、融於星象的官式建築，也有受道家思想影響、融於山水自然的園林建築。

明朝的靖江王府可以說是儒家關於「天人合一」建築的代表作。（如圖：2-2-3 明靖江王府復原圖）這類傳統建築對外要體現泱泱大國之風，對內則要劃定等差。明靖江王府是朱元璋其侄孫朱守謙被封爲靖江王時修造的王城。據明代黃佐《廣西藩封志》記載：「王城闢有四門，南日端禮，北回廣智，東日體仁，四日遵義。城垣左爲宗廟，右爲社稷。城內有承運門，承運殿。」圍繞宮殿主體建築，還廣建樓堂廳院，亭閣軒室，構成一個金碧輝煌、規模宏大的建築群。獨秀峰挺拔俊秀，矗立城中。山上建有玄武閣、觀音堂、三客廟、三神祠等，山下有月牙池。

2-2-3　明靖江王府復原圖

〔註 45〕《莊子・齊物論》。
〔註 46〕《易傳・繫辭上》。

洪武五年（1372）在獨秀峰下營建靖江王府，洪武二十五（1392）年建成。王府按照朝廷對藩王府所作的規定構築，其主要建築前爲承遠門，中爲承運殿，後爲寢宮，最後是御苑。圍繞主體建築還有 4 堂、4 亭和臺、閣、軒、室、所等 40 多處，佔地 19.78 公頃，規模宏大。從建成到明代覆滅的 257 年中，這裡住過 12 代 14 位藩王。據明王士性《廣志繹》載：「宗室二千人，歲食藩司祿米五萬兩，故藩貯不足供，而靖宗亦多不能自存者。」可見，這個家族的人口之多，盤剝民脂之鉅，地方財政負擔之重。

以老、莊爲代表的中國道家哲學思想具有天然的美學意向。它啓示於人的至善、至美的境界，是人與自然和諧統一的境界；它對中國古典建築、園林設計所體現出來的倫理和美學思想的影響是全面而深刻的。如江南典型民居、園林等，就充分展示了中國傳統建築、園林設計的群體美、環境美、親和自然之美，創造出一種天人合一的理想境界之美，體現了中國古典建築、園林設計之美學思想的深厚文化底蘊。

中國傳統建築是凝固了的中國繪畫和文學，它以意境爲創作核心，使建築空間富有「天人合一」之意境。同時，中國的園林建築更體現了儒、道兩種思想在中國文化領域內的交替互補，園林建築通過曲折隱晦的方式反映出人們企望擺脫封建禮教的束縛，憧憬返樸歸眞的意願。例如，在「天人合一」的建築中，至今保存最完整的、規模最大的中國園林建築就是北京清代王府——清恭王府，位於什剎海西北角，現爲全國重點文物保護單位。（如圖：2-2-4 清恭王府）

2-2-4　清恭王府

清恭王府花園爲恭王府後的一個獨具特色的花園，又名萃錦園，位於柳蔭街甲 14 號，建於 1777 年，據考證是在明代舊園上重修的，全園佔地面積 2.8 萬平方米，有古建築 31 處。恭親王爲重建花園調集百名能工巧匠，增置山石林木，彩畫斑斕，融江南園林藝術與北方建築格局爲一體，匯西洋建築及中國古典園林建築爲一園，建成後曾爲京師百座王府之冠，是北京現存王府園林藝術的精華所在，堪稱「什剎海的明珠」。此外，東晉石崇在洛陽近郊修建金谷園，其《思歸引》載：「其制宅邊，卻阻長堤，前臨清渠，柏木幾於萬株，流水周於舍下」；高僧慧遠在廬山營建東林寺，「卻負香爐之峰，傍帶瀑布之壑，仍石壘基，即松栽溝。清泉環階，白雲滿室。復於寺內別墨禪林，森樹煙凝，石逕苔生。凡在瞻履，皆神清而氣肅焉」〔註 47〕。諸如此類的描述，文獻記載中屢見不鮮。

2.2.3 擇宜居處——返樸歸眞

建築作爲人類棲居的場所，是人類安身之處，這也是建築的最大功能。因此，縱覽人類居住的歷史，建築的堅固性和安全性是建築的基本規範，尤其是住宅建築，其倫理基礎正如《易經》中所說的「天地之大德曰生」，是把對人的終極關懷放在人內在的本初的自然屬性上，強調對人的本性的尊重。從建築設計的技術角度分析，不管是住宅建築，還是非住宅建築都遵循著以人爲本、返樸歸眞的理念。

在中國，道家尚無爲，即順應自然，尚樸，即平眞、自然、不加任何修飾的原始。道家認爲，要解決人與自然的嚴重對立，只有通過「復歸於樸」，再現人的「見素抱樸，少私寡欲」的自然本性，才能達到「含德之厚，比於赤子。毒蟲不螫，猛獸不據，攫鳥不搏」〔註 48〕的天人玄同的境界，實現道家的「至德之世」的社會理想。但是，要想達到這種天人玄同的自然境界，需要一個「爲道日損」的過程。在「爲道日損」過程中，爲了消除人與自然的對立，老子主張「去甚、去奢、去泰」〔註 49〕，反對人類的奢侈生活，反對人類無限地掠奪自然。道家所提倡的「去甚、去奢、去泰」的思想，既包括著滿足人類需要的適度原則，也包含著生產發展和人類行爲的適度原則。其實，宇宙自然在演化中經過反覆調適而終於在地球上形成的原始生態環

〔註 47〕《高僧傳・慧遠傳》。
〔註 48〕《道德經・第五十五章》。
〔註 49〕《道德經・第五十五章》。

境，最樸初，也最適於生物的起源和共生。有了這個「樸」，便有和諧。和諧意味著共生、平等、適度、平衡和穩定，以此達到天人合一。

由於長久受到道家的影響，中國傳統建築中崇尚大美。這種大美，就是人在自然中清靜無爲，追求那種「相濡以沫」不如「相忘於江湖」的瀟脫，故古人尤爲重視現實生活，考慮「人」在其中的感受。因此，刻意將現實生活中的場景按著理想中的大美境界來構建，既要人在其中自然舒服又要人與物的和諧統一，與天地和合。（如圖：2-2-5 中山市詹園）

2-2-5　中山市詹園

此外，中國傳統建築以人體尺度爲原則，要求「大壯」，又要「適形」。建築高度和空間都控制在適合人居住的尺度範圍內，具有初級的人體尺度思想，即使是皇宮、寺廟也不能造得太大。造型上中國傳統建築講究平和自然的美學原則，平穩，注重水平線條。即使是向上發展的塔也加上了水平線條，與中國的樓閣建築相結合。中國傳統建築的平面、空間、結構、裝飾、人與自然的關係和建築與人的關係等諸多方面無一不滲透著對「天人合一」的追求。

中國人對於這種「天人合一」之大美的意境的追求，寄託人對天、自然的崇拜，由境抒情，自然重在意境的創造，可以說，從宏觀到微觀，從物質到精神，事物鉅細無不滲透著中國傳統建築獨有的個性。「天、地、人三者和諧共處」，這就是中國傳統建築的特點，這種極富環境和人倫色彩的思想具有巨大感染力，時時刻刻地影響著中國傳統建築的發展。這就是中國傳統建築的魅力所在。

2.2.4 院落組群——合而有序

家庭是一個人類親密關係的基本單位；一個具有婚姻、血緣和收養關係的人們長期居住的共同群體，是人類最基本最重要的一種制度和群體形式，是滿足大多數家庭成員的生理、心理的需求，並有經濟生產、安全保衛、教育、社會化、宗教等功能，進行物質、人口、精神財富再生產。擴大家庭曾經是中國人的夢想，人們常常用「子孫滿堂」、「四世同堂」來表述家庭或家族的興盛、成功與幸福。

中國傳統社會曾以大家庭爲理想，但並未普遍存在過所謂的大家庭，所謂的「大宗、小宗」。事實上，所謂的大家庭主要存在於世族門閥之中，而且這樣的人畢竟是少數，絕大多數庶民是以核心家庭或者主幹家庭爲主的小家庭，幾世同堂、富於共同協作的家族觀念的大家族制度在中國歷史上曾經是常態。而這種常態是與中國的生活方式緊密聯繫的，在這種生活方式下中國傳統建築也呈現群的特點。中國傳統建築物強調群體組合，通過一連串空間和實體的組合與交替，來提升建築威嚴、深邃的主題。中國古代宮殿強調群體氣勢，就是因爲群體的序列有助於渲染統治王朝的威嚴，群體的佈局有利於體現宗法等級的貴賤尊嚴。

中國自周代就有院落的宮室建築出現，許倬雲的《西周史》載：「鳳雛村的甲組建築遺存是一座四邊可以走通的大院落。前面有門塾，兩邊東廡西廡，各有八間小室。中央是堂，面對著前庭，堂後面經過廊道穿越後庭，而連接後面的內室三間。牆是夯土堅築，堂室都在築高的房基上，房基也經夯實。房屋是用複雜的杜網，構成高聳的屋架，在中堂是一個四阿的屋頂，兩廡是兩廈的屋頂（所謂兩坡懸山頂）。整座建築，格局規整，前中後三進，左右對稱，堪稱中國傳統建築方式的早期典範」〔註 50〕。所以，即使是從世界範圍來看，中國也是院落格局成熟很早的地區。當然，中國所有建築，上至宮殿，下到民舍，均由若干單個獨立的建築物集合而成；而這單個建築物，由最古

〔註 50〕許倬雲，《西周》（史選載二）〔M〕，北京：三聯書店，2001 年。

代簡陋的胎形，到最近代窮奢極巧的殿宇，均始終保留著三個基本要素：臺基部分，柱梁或木造部分，屋頂部分。

在中國傳統建築中，從建築整體來看，單座建築往往無法產生威儀的氣勢，如，故宮的太和殿氣勢磅礴，放在整個宮殿建築群中有著壓倒一切的優勢，然而，如果把它單獨置放在郊外的山水之中，它就並不顯得很大，其感染力是不能相比的。但是，太和殿前面的五座門樓和周圍的眾多庭院從空間上對其加以襯托，從而極大地彰顯了它的宏偉氣勢和藝術魅力。因此，在宮殿建築中，院落的組群是非常重要的，是視覺衝擊的必要手段。此外，從宮殿的平面布置上看，中國宮殿有著嚴格的主次、內外等級。宮殿的外朝和內寢是完全分隔的，「宮牆之高足以別男女之禮」〔註51〕這一封建禮制思想在宮殿建築中表現最爲突出。就故宮宮殿來看，外三朝的公共活動面積十分有限，不存在君臣同樂的可能性，最大的太和殿也只強調了寶座所在的區域，集中渲染了帝王個人的威嚴和至尊。這和中國數千年來一貫是君權至上的封建集權統治的政體有極大關係。內寢是后妃居住，完全是全封閉狀態，各有所用的房屋如蜂窩密集，儼然獨立於宮城之中。

所以，中國的院落住宅強調不同建築體量的差異，這種差異是建築使用功能所對應的社會等級決定的，表現出宗法等級社會的特徵。居住在一個院子中的往往並非一個小家庭，而是若干代同堂的一個家族。但是，中國傳統建築又決不是以巨大體量的建築爲特徵，而是以「間、院落」爲單位，隨時間的變化，「間、院落」數的增減變化來滿足社會、家庭的擴大，從平面上出現以建築「群」的連續變化空間來與廣闊的宇宙相融合的。正如《易經》所云：「窮則便，便則通，通則久」。宇宙萬物只有時時刻刻在變化中去適應自然界的變化，才能夠永久存在。同時，中國傳統群式平面發展的建築在建築防火、在建築技術不發達的時代也有可行性。如典型的四合院。在世家長居住的正房的進深、開間寬度和總面寬都要大於其它建築，子輩居住的廂房次之，如夫人居住的耳房則退在廊後。坡屋頂的屋頂高度同進深成正比關係，因此不同進深的建築在高度上也顯示出參差的序列。在中國的等級秩序中，空間區位的對應性很強，中爲貴。尤其在四合院中，門對應的就是隨之展開的院落，大門對大院，偏門對應的就是較小的院落。（如圖：2-2-6 山西靈石縣王家大院）而對於王府及官方建築來說，中門大開也是因爲其靠外

〔註51〕《墨子・辭過》。

2-2-6　山西靈石縣王家大院

的院落往往是具有公共或半公共屬性的空間，是處理公務的場所。建築形象地反映了人群中不同人物之間的關係，等級高的得到彰顯，等級低的拱衛著核心。

2.3 中國傳統建築倫理思想的基本特點

中國傳統建築注重地域的空間與時間環境，南北地域、各朝各代的建築風格都略有不同，但是中國傳統建築植根於深厚的傳統倫理文化，傳統建築的審美價值與政治倫理價值高度統一，表現出了鮮明的傳承特點。

2.3.1 土木之功——生命輪迴之觀念

對於建築物質材料的不同選擇，環境的制約性是一個重要的因素，因地制宜、就地取材成爲最爲重要的選擇。但是在中國這片土地上，不乏石頭這一天然材料，那又爲何是中國的木構建築傳承了至少兩千多年的歷史呢？在原始社會可以說是生產力水平低下限制了對石頭的開採和利用，那麼到了文明開化的時代，爲何仍然堅持著以土木爲材，木構爲主呢？

梁思成認爲，中國傳統建築以土和木爲主要的建築材料「是由於中國文化的發祥地黃河流域，在古代有茂密的森林，有取之不盡的木材，而黃土的本質又是適宜於用多種方法（包括經過挖掘的天然土質、曬坯、版築以及後來燒製的磚、瓦等）建造房屋。」〔註 52〕而且強調土和木「這兩種材料之摻合運用對於中國建築在材料、技術、形式傳統之形成是有重要影響的。」〔註 53〕另一位深入研究過中國傳統建築文化的學者王振復則從文化成因的角度指出，中國傳統建築以土木爲結構「是出於中華原始初民由原始植物採集發展而來的原始植物種植的生產方式，是源於這一原始生產方式的關於大地與植物的生命意識。」〔註 54〕這種理解緊緊抓住了中華民族繁衍不息的生命脈搏，具有更大範圍的包容性和超越性。所以，把土木相結合作爲中國傳統建築的建築方式是與中國封建社會的經濟結構、審美心理、政治倫理意識和家族倫理觀念相符的。

2.3.1.1 「戀土」傾向

《易經》曰：「地勢坤，君子以厚德載物」，朱熹注：「至順極厚而無所不載也」。「厚德」即地之德，「順」是它的根本點。「地勢坤」即「地至順」，即合乎規律而動。這就是「坤厚載物」之古代大地倫理學。《周易》對於大地作爲始祖的貢獻與道德進行了歌頌，將土地歌頌爲「至哉坤元」、「德合無疆」。首先，指出大地養育萬物的巨大貢獻，即所謂「萬物資生」。其次，歌頌了地安於「天」之輔位，克盡妻道臣道的高貴品德，所謂「乃順承天」，「地道也，妻道也，臣道也，地道無成而代有終也」。再次，歌頌了大地自斂含蓄的修養，所謂「含弘廣大，品物咸亨」，「至柔而動也剛」，「至靜而德方」等等。最後，歌頌了大地無私奉獻的高貴品格，所謂「地勢坤，君子以厚德載物」、「坤也者，地也，萬物皆致養也，故日致役乎坤」。在人類早期對於大地母性品格的這種充分的描述與歌頌，在世界上也是極爲少有的。而且，這種「坤厚載物」的大地倫理觀念即使在現代的倫理學中也是有極高的價值的。

中國傳統建築的雛形源於土與水文化。黃河流域的文化具有「土」文化的特徵，長江流域的文化具有「水」文化的特徵，而象徵「土」文化的建築

〔註 52〕梁思成，《中國古代建築史六稿緒論》，收錄《建築歷史與理論》第一輯〔M〕，南京：江蘇人民出版社，1981 年，第 89 頁。

〔註 53〕梁思成，《中國古代建築史六稿緒論》，收錄《建築歷史與理論》第一輯〔M〕，南京：江蘇人民出版社，1981 年，第 91 頁。

〔註 54〕王振復，《中華建築的文化歷程》〔M〕，上海：上海人民出版社，2006 年，第 12 頁。

主要是指穴居式建築，而象徵「水」文化的建築主要是指干闌式建築。於是，具有這兩者特點的建築雛形出現了，二者共同匯入了中國傳統建築的文化大河，奠定了中國傳統建築的基礎。

所以，我們認爲中國傳統建築採用土木營構最原初的理由，應是農耕文化下帶來的對土地和穀物的崇拜，最典型的就是各地都不乏土地廟，供奉著土地神。作爲國家形態，江山社稷是封建帝王的全部依賴，同樣，對於平民百姓，植物的春華秋實，夏榮冬枯，綿綿不絕，比起石頭之類的「死物」來，自然更富有生氣和活力。這種對植物生命的感悟，萌發出原始先民對植物頑強生命力的崇拜意識。這是土壤所養育的華夏民族對現實生命的珍愛意識，是對永存生命之氣的鍾愛與執著在審美心理上的反映。所以，古人從崇拜山川日月、大地草木等各種自然現象中尋求心靈的安慰和精神的寄託。例如，先民以爲人之生殖首先關涉到女子，女子向「生命之樹」下跪，是祈求生殖的興旺。《易經・否卦》有關於「其亡其亡，繫於苞桑」〔註55〕的記載，生動形象地傳達出原始先民將血親一族的興亡寄託於桑樹之榮枯的強烈的生命意識。由此，木材作爲傳統建築的主要材料，也是原始先民集敬畏與崇拜於一體的審美感受的折射。

在古人看來，土地本身雖不是生命本體，但它養育了萬物，融入了生命的血液，因而是與生命緊緊維繫在一起的，「他們把一切存在物和客體形態，一切現象都看成是滲透了一種不間斷的、與他們在自己身上意識到的那種意志力相像的共同生命……這樣一來，一切東西都是與人聯繫著和彼此聯繫著的了。」〔註56〕因此，《周易》所謂「天地之大德曰生」、大地「厚德載物」、「含吐萬物」，「地者，萬物之本原，諸生之根範也。」〔註57〕這種對生命力的崇揚，可作爲中國傳統建築長期進行土木營構的一個佐證，也是中國傳統建築「戀土」傾向的一個大地倫理表象。

2.3.1.2 「戀木」情結

在中國傳統建築中，宮殿是傳統建築在形式上、美觀上、及工程技術的做法上的典型代表，其始終堅持使用的就是木結構。這是中國傳統建築一直

〔註55〕《易經・否卦》。

〔註56〕（法）列維・布留爾著，丁由譯，《原始思維》〔M〕，北京：商務印書館，1981年，第126～127頁。

〔註57〕《管子・水地篇》。

以來親近人性、接近自然的一個重要表現。正如英國科學史家李約瑟所說：「中國建築貫穿著一個精神，即『人不能離開自然』」〔註 58〕。

首先，中國傳統建築的這種堅持是一種生於斯長於斯的「戀木」情結，反映了一種濃厚的農業文化特色。中國自古是土地文化，因木生於土，木與大地是緊密聯繫在一起的。中國古代的建築匠人主要是指木匠而不是石匠、泥匠、瓦匠。所以，在中國古代建築行業中，從事木匠行當的人數相當龐大，加之土、木建築材料的採取耗費的人力物力不大，且建造的時間、房屋的規模與形制等安排也較爲靈活，就使得中國傳統建築的這種構築方式具備了方便、經濟的特色。

其次，木材物理屬性上的優點爲古人的「戀木」情結提供了合理的物質基礎。與其他建築材料相比，木材的彈張性、柔韌性和溫和性等物理屬性特別突出。所以，中國傳統建築充分利用木材的這些特性，建築的立體構架以木結構爲主，各種梁、柱、簷、椽等構件組成一個框架結構，體現出了在構架拼裝等結構方面的優點。木溫潤的特性與石材的冷冰冰不同，樹木復蘇能給人以人在自然之中的自由感。所以在審美上，傳統建築中大量木材的使用令建築形象質感熟軟、樸素而自然，充分體同出人與自然的和諧關係，滿足了中華民族崇尚優美的審美情趣。

再次，「遠於宗教，近於倫理」是中國古人「戀木」情結的文化成因。梁漱溟曾指出：「社會秩序之建立，在世界各方一般地說無不從宗教迷信崇拜上開端，中國似乎亦難有例外。但中國人卻是世界上唯一淡於宗教，遠於宗教，可稱『非宗教的民族』。」〔註 59〕在中國傳統文化中，以倫理代宗教是其基本特徵之一。表現在傳統建築文化上，就是中國的宮殿、壇廟、民居等建築類型深受傳統倫理文化的影響，表徵著歷朝歷代的倫理文化主題。在儒家看來，建築兼具實用性的功能和倫理教化的功能。正如王國維在《殷周制度考》中所言：「都邑者，政治與文化之表徵也。」倫理滲融於建築和建築表徵倫理，使建築倫理化了，倫理也建築化了。「遠於宗教，近於倫理」的觀念在儒家那裡就是不信鬼神，而注重人的生命本身，如儒家言，「子不語怪力亂神」〔註 60〕、「未知生，焉知死」〔註 61〕、「制天命而用之」〔註 62〕等等。道家的

〔註 58〕（英）李約瑟著，汪受琪譯，《中國科學技術史・第 4 卷》〔M〕，北京：科學出版社，2008 年，第 288 頁。

〔註 59〕梁漱溟，《東方學術概觀》〔M〕，南京：江蘇文藝出版社，2008 年，第 43 頁。

〔註 60〕《論語・述而》。

正宗也不講鬼神，老子的「無爲而無不爲」〔註 63〕就明白地表明自然規律的不可違逆，故不強求人爲，而應順其自然，不乞求神靈。因此，中國古代建造的多是宗祠，而不是代表神靈的石築廟宇和墓塔。

這種對神的「淡泊」反映在傳統建築上就是中國人從來沒有把建築看成是永恒的東西，建築由此也不必用經久耐用卻冷冰冰的石頭來建造，而認爲木築是最合適的。梁思成先生說得更精闢：「古者中原爲產木之區，中國建築結構既以木材爲主，宮室之壽命固乃限於木質結構之未能耐久，但更深究其故，實緣於不著意於原物長存之觀念。」〔註 64〕這可以說是中國傳統建築一直以來「戀木」的一個文化理由。所以，在中國傳統文化的主脈中幾乎沒有依賴物質來追求永恒的的觀念。李約瑟對此曾評說到：「爲什麼要試圖支配後世呢？中國最大的園藝作家計無否說：人造之物誠能保存千年，但人在百年之後誰能生存。創造怡情悅性幽靜舒適之境地，卜屋而居，此亦足矣。」〔註 65〕中國傳統的建築觀是不奉神的，只切實地爲人的居住著想，所要永久存續的，只是建築物所代表的歷史與精神。在中國傳統建築觀中，建築應該只是人對自身創造力的一種欣賞，成爲人生當下生存的精神家園。這就是已深入中國人骨髓的那種「戀土」、「戀木」情結以及生、重生的現世精神。

總之，在自然的、社會的、技術的和觀念的、審美的等諸多因素中，千百年來深藏於現世生命意識之後的「戀土」與「戀木」情結，是使土木營構成爲中國傳統建築主角的一個重要因素。可以說，中國傳統建築的土木營構，是古代農業文明和生命意識的共同選擇。

2.3.2 輪廓規制——中正和諧之審美

中國崇尚「中庸之道」，「中庸」是中國傳統思想的最高價值原則。「中也者，天下之大本也；和也者，天下之大道也。致中和，天地位焉，萬物育焉。」〔註 66〕這裡的「中和』是中國古代特有的美的形態，是以「天人之和」爲核

〔註 61〕《論語・先進》。
〔註 62〕《荀子・天論》。
〔註 63〕《道德經・第三十七章》。
〔註 64〕梁思成，《中國建築史》〔M〕，天津：百花文藝出版社，1998 年，第 175 頁。
〔註 65〕（英）李約瑟著，汪受琪等譯，《中國科學技術史・第 4 卷・第 3 分冊》〔M〕，北京：科學出版社，2008 年，第 234 頁。
〔註 66〕《中庸》。

心的整體之美、生命之美、柔順之美。古人論天文、地理、人道都不能離「中」而立。正是出於對「中庸」的尊崇，在中國傳統建築中，把最重要的建築擺在中間，次之建築環繞兩側。因此，中國的建築物大多有明析的南北中軸線，齊整的東西對稱，形成「中正和諧」之美。這種中正和諧的格局強調的是陰陽乾坤各在其位從而萬物生長繁育的「中和之美」，是天人協調之美，也是以大地的母性品格爲其特徵的陰柔之美、生命之美。更是社會群體間的關係等級有序、內外有別的傳統倫理觀念的和諧之美。所以，甚至於在許多傳統建築物的名稱中就包涵「中」、「和」之字。這些字眼都表現著中國傳統建築觀念中的中正和諧之審美傾向。

中國傳統建築是在一個大的面上鋪展開來的，這與皇帝坐鎮中央遙控四方有種內在的聯繫。周代王城便採用的是「井」字形的格局，宮城位於「井」字的中央。中是前後左右上下各個方位的交點，是最尊貴的方位。商代甲骨文中已有「中商」的記載，表示都城的尊貴地位。《管子・度地篇》也說「天子中而處」，而《呂氏春秋》明確指出「擇天下之中而立國，擇國之中而立宮」，《荀子・大略篇》則有「王者必居天下之中，禮也」。這些都說明了「中」這個方位對於帝王的重要意義。所以，王城建設中，宮城是天子所居之所，應位於城市的中央。皇帝的寶座要位於宮殿的中央，這些觀念都在建設中得到體現。宮殿中的大朝、佛寺中的大雄殿、四合院中的正房都是居中而建。而單體建築的當中間（明間）在尺度上都比其他開間要寬。如北京紫禁城太和殿，面闊爲九間（不包括兩側廊道），進深爲五間，皇帝的寶座在縱橫軸線的交叉位置，意喻帝王「九五之尊」、飛龍在天。五是陽數（一、三、五、七、九）的中間數字，具有「中」的特殊意義。

故宮以太和殿爲中心，周圍分佈著龐大的建築群，外圍更有天壇、社稷壇、日壇、月壇等拱衛。宮殿建築是帝國形態的象徵。民居也嚴格地體現著封建家長的權威地位——家長住上房堂屋，子孫住廂房偏廈。即使最偏遠鄉村中的房子也遵守著宮殿建築中蘊含的等級體系與社會思想文化準則。禮制同樣強調方位，不管是對於房屋的方位以及尊長的坐位，皆賦予了一定的文化內涵和象徵意義。《禮記・大傳》中即有所謂「聖人南面而聽天下」之說，所以「天子當依而立，諸侯北面而見天子，曰覲。」〔註 67〕爲什麼必須坐北面南，似乎沒有什麼說明。不過，孔子所說的「譬如北辰，居其所而眾星拱

〔註 67〕《禮記・曲禮下》。

之」〔註 68〕，則提供了一種解釋。同樣，民居中的三合院或四合院，父母或祖父母都必須居於北堂，因為這具有兒孫繞膝的象徵意義。後來，董仲舒提出了一種更富有文化內涵的解釋，即：「貴者居陽之所盛，賤者當陽之所衰。……當陽者君父是也。故人主面南，以陽爲位也。陽貴而陰賤，天之制也。禮之尚右，非尚陰也，敬老陽而尊成功也。」〔註 69〕這樣，坐位便不僅僅一般意義上的象徵，而是「天之制」的體現了。

在中國古代城市、宮室建築佈局規劃中，有一大特點，即有一條中軸線，鮮有體現中軸觀念以外的模式。這正是「中立而不倚」〔註 70〕的中正和諧觀念在傳統建築中的根本體現。由此中軸線路四向相交所構成的網絡與直線型的道路，體現著一個嚴密的政治、倫理模式。這種中軸線模式，多層級縱深，形成淵湛、富贍的特點，兩旁有附屬性建築左右對稱擺放，中軸線上的宮室巍峨宏偉，體現一種宇宙平衡意識，而在政治倫理方面，體現著中國政治文化體系中的君臣秩序、尊卑長幼之節，這裡有穩定、中庸、內斂、保守與和諧的內在特質。《考工記・匠人》中所述「匠人營國，方九里，旁三門。國中九經九緯，經塗九軌。左祖右社，面朝後市。市朝一夫」〔註 71〕就是這種規劃的具體綱領。

由此，體現「中正和諧」之美的中軸對稱就成爲中國古代城市和建築的一個重要特徵。無論宮殿、壇廟，還是寺院、民居，中軸對稱的特徵都非常一致。《周禮・考工記》描述了周王城九里見方、宮城居中、中軸對稱的格局。現存的古都長安（今西安）、北京都是遵守了這樣的格局。長安城建於隋代，城市格局十分規整。城市輪廓爲方形，宮城居於城市中軸線的北端，「前朝後寢、左祖右社」的格局皆出自《周禮》。平民的居住區採取「坊里制」，與宮城嚴格地區分開。北京城是明代在元代大內舊址上修建的。宮城（紫禁城）居於內城中心偏南，它的正面東（左）、西（右）兩側布置著太廟和社稷壇，背後是出於風水觀念而堆築的景山。

基於社會制度與建築類型的同構對應，主從有序的四合院建築作爲主要建築類型反映的就是「中正和諧」的特點。而宮殿、宗廟、衙署等建築類型作爲四合院建築的同構體，實際上就是庭院佈局的擴大化。由子孝、婦從、

〔註 68〕《論語・爲政》。
〔註 69〕《春秋繁露・天辨人在》。
〔註 70〕《中庸》第十章。
〔註 71〕《考工記・匠人》。

父慈所建立起來的家庭關係，不過是民順、臣忠、君仁的社會關係的縮影，而四合院成了代表。在王朝統治時期，宗法家庭制度發揮了與國家結構的同構效應，大大加強了封建國家對個人的控制、管理作用。「農耕經濟是一種和平自守的經濟，由此派生的民族心理也是防守型的。」〔註 72〕四合院，既滿足了生活起居的居住功能，又以其主從有序的空間佈局，滿足了長幼尊卑的政治功能。就這樣，政治組織結構和建築型制相輔相成，相互地影響和強化，形成了嚴謹的自律性，使得中國傳統的建築在漫長的發展過程中代代相傳而無衰竭之迹。

2.3.3 建築之術——道德觀念之制裁

建築在中國古代作爲術是一種活動，在我國素稱匠學，從事建築工作的人稱之爲匠人，通常是社會中下層的人，而非封建士大夫、知識分子。匠人由於無法著書，只能口口相傳，所以各家匠法不免分歧。爲規範建築活動，從宋代始，匠學開始受到封建禮教的影響和封建道德觀念制裁。所有建築活動被嚴格的用工用料規定制約，並形成制度。

建築營造是人爲規劃、由圖紙到施工的有目的的活動。不同時代的建築理念、建築文化和建築者的個體修養等無疑會影響和制約著建築營造活動的進行。同時，建築作爲物質載體則不可避免地映像著社會形態、文化傳統或者個人觀念的痕迹。

中國傳統建築和悠久的中國傳統文化幾乎是同步發端與發展的，且都有著極穩定的系統。中國人一貫的生活方式決定了中國人對於建築是持傳統主義和反對改革的，「祖宗之法不可變」是中國古人行爲的準則。尊重祖宗，恪守祖制的思想，要求對先前的建築形式，結構技術不要多去改動，所以我國傳統建築史上就不可能發生西方那種風格的變化和技術手段的更新。在建築形式上，從秦到清代的兩千餘年中，臺基，柱子加斗拱，大屋頂這三段式的基本造型依然如故；在平面組合上也往往不分使用要求，都以單體和院落沿地面向外擴展，形成層相套的院落。多層臺基，色彩鮮豔的曲線坡面屋頂院落式的建築群，展現廣闊天空。從兩千多年前漢墓磚畫上所刻畫的院落建築，及至明清最宏大的建築群——紫禁城，都採用複雜的圍合形式。又如，唐代

〔註 72〕（美）斯塔夫里阿諾斯著，吳象嬰等譯，《全球通史》〔M〕，北京：北京大學出版社，2006 年，第 243 頁。

各種斗栱樣式已經定型，宋代有了完備的規制，從最簡單的不出跳的「把頭交頸造」及出一跳的「斗口跳」；最大可以出五跳，達到八鋪作的碩大斗栱，再加上昂和上昂的配合，幾乎重要的斗栱都出現了〔註 73〕。

建築的營造活動參雜著人的審美意象，同時也交織著當時的歷史背景。由人的倫理道德觀念反映歷史背景，再由建築這樣一個載體，重現社會的歷史。

在中國封建社會等級觀念中，「士、農、工、商」的社會制度決定了從「匠」這一行業的人的地位。封建社會的倫理觀念是「學而優則仕」〔註 74〕，發奮學習，最終進入仕途才是最有出息的表現。而工匠，就算技術學到爐火純青也還是下層的體力勞動者。此外，中國古代建築匠師和工官制度密切相關。主管營建工程的官吏，《考工記》稱爲匠人，漢唐稱將作大匠，宋稱將作監。漢代陽城延，北魏李沖、蔣少游，隋代宇文愷，唐代閻立德等都是著名的將作大匠。宋將作監李誡著《營造法式》，尤爲著名。這些工官多是其它出身，或因工巧，或因久任而善於鑽研，所以能精通專業，勝任職事。中國古代許多著名匠師，事迹大都記載不詳。如魯班、王爾，自古並稱，特別是魯班，後世更奉爲建築匠家的祖師，但都只見於傳說。喻皓的事迹也摻雜著傳說，甚至想像。著名的安濟橋的設計者，其原始傳記材料只留下隋匠李春一句，歷代能工巧匠連姓名也沒有留下的就更多了。

封建社會這種人才認同制度使得中國的傳統建築形式和風格長期停留在單一的局面，形成了幾千年一以貫之的穩定結構。封建社會，建築之術中「傳承」成了最顯著的特點，正是基於這一點，使中國傳統建築的理論總結和理論建設嚴重滯後於歐美國家。中國關於傳統建築方面的書籍主要有《考工記》、《木經》、元代《經世大典》和《梓人遺制》、宋代李誡的《營造法式》和清代的《工部工程做法則例》等中國古代各王朝制定的建築法規一類的官書。除了官書，還有私人著作，如北宋初有都料匠喻皓著《木經》3 卷，是一部建築學專著，但早已不存。明中葉有《魯班營造正式》，是南方民間匠師所著。萬曆（1573～1620）時又有《新鐫京版工師雕斫正式魯班經匠家鏡》，並有崇禎本及多種清代翻刻本。崇禎本 3 卷，題午榮彙編、章嚴全集、周言校正。明清文士著述，有文震亨《長物志》記載居室及庭園環境布置等；計成

〔註 73〕《營造法式》。
〔註 74〕《論語・子張》。

《園冶》則更是造園學的專著。李斗《揚州畫舫錄》附錄《工段營造錄》，傳自內廷的工程人員。

由於中國古代建築書籍都著重在建築材料、施工技術和管理方面的記述，理論昇華和探索仍較缺乏。因此，傳統建築作爲一門術，主要通過師徒相授或家族傳授的途徑傳承，這種方式使匠人之間缺乏技術交流，覺察不到自身的不足，競爭意識不強，其狹隘性與局限性顯而易見。建築人才包括建築設計師的身份在那個尊卑有序的等級社會裏都不高，他們沒有資格和機會去實現自己的創意與想法，沒有獨立人格尊嚴，只能惟命是從。作爲師父的往往還要留一手，以防徒弟超越自己，這種保守狹隘的思想不僅教不出好的徒弟，更重要的是使得許多精湛的技藝失傳。在這種傳統保守的環境下，中國的傳統建築藝術和建築風格始終不能實現更新與超越，而只能在原有的基礎上作無關痛癢的改進與提高。

總之，中國傳統建築倫理思想來源於中國博大精深的傳統文化，而作爲中國傳統文化精粹的易理與儒、釋、道思想則是中華傳統建築倫理思想的主要來源。

第三章　中西方傳統建築及其倫理思想比較

中華文明與西方文明同樣都是世界上最古老的文明之一，有著幾千年的悠久歷史。然而，在相當長的時期內，中西建築在相對封閉的系統內各自獨立發展，很少有交流的機會，這形成了形態迥異、個性差別極大的東西方建築。只有到了近現代，隨著中西方思想文化、科學技術的交流融合，中西建築、建築倫理思想才有了更多的發展空間。由於在第二次世界大戰結束前，歐洲一直是西方建築文明的中心，因此，本章討論的西方傳統建築，特指歐洲建築，時間跨度從古希臘時代起到第二次世界大戰結束前，二戰結束後，這個中心逐漸偏移到了北美。

3.1 中西方傳統建築的異同

無論是中國傳統建築文化、還是西方古代建築文化都是整個人類的寶貴財富。中西傳統建築充滿著對社會生活、歷史文化、宗教信仰的積澱，傳統建築本身雖然隨著不同的社會發展而不同，但卻都形成了一個連續完整而相對獨立的發展體系。中西傳統建築都有一種持續的普遍的觀點或經驗的核心決定著各自的發展，也就是說都存在著一種相對穩定的建築發展觀。

3.1.1 中西方傳統建築形式的異同

封建制度的本質是通過禁錮思想，「高度集權」地維護封建地主統治。因此，無論中國和歐洲都形成了程度不一的皇權統治、教權統治或皇權與教權結合統治的封建社會制度，這對中西傳統建築形式的影響相當深遠。

在中國，秦始皇統一中原，建立了中國第一個中央集權封建皇朝，統一思想，統一制度。在以後的二千多年封建社會中，中國封建皇朝的專政制度不斷完善鞏固，皇權成爲了國家的最高權力，皇朝的政治中心都城成爲了最高的城市代表，皇宮成爲了最高的建築代表。全國建築中，皇宮規模最大、氣勢最宏偉、色彩最豐富和鮮明。記載中，秦朝的阿房宮富麗極致，朝宮有七百多所，宮裏充織著鮮豔的紅、黃、藍、綠等明豔的顏色，以藍天爲背景，輔以明亮的漢白玉，呈現著主人的高貴與顯赫。自佛教傳入以來，在中國封建統治中，與皇權相輔相成的儒教和佛教，因爲鞏固皇權有功，也得到了顯赫的身份，孔廟和佛寺是僅次於宮殿的建築，開間、用材、裝飾等建築型制等級也僅次於宮殿。與氣勢恢宏的建築形成鮮明對比的是周邊的民宅，灰色的磚瓦、矮小的尺度、規整的排列形式，表示著對君主的尊敬和順從。由此，中國繁榮強大、等級分明的封建社會衍生了華麗統一、涇渭分明的古代建築。

在中國封建建築蓬勃發展的同時，歐洲建築結束了開放奢華的古羅馬時代，中世紀歐洲在 12 至 15 世紀達到鼎盛，其經濟和社會產生了深刻的變革，其思想、文化和藝術也達到了空前的發展。這時的歐洲建築分成了兩個體系：一個是東歐的拜占庭建築；一個是西歐的修道院和哥特式建築。拜占庭建築是拜占庭帝國時期的產物，拜占庭帝國比較強盛，皇權佔了主導地位，正教教會成爲了皇帝的臣下，附屬於皇室，皇宮貴族建造了大量世俗性的建築物。包括城牆、宮殿、跑馬場和巴西利卡。城市最矚目的是基督教堂，是皇宮貴冑舉行盛會的地方。拜占庭建築發展了古羅馬的穹頂和集中式型制，一般尺度高大，教堂一般採用集中的希臘十字式型制，內部空間集中又曲折，高敞而寬闊，建築裏光線昏暗，只有從穹頂底部能透入陽光，充滿了神秘的氣氛，在朦朧中，使人產生敬畏的情感。這與中國傳統建築的高庭深院相似，只是更爲壓抑。教堂內部裝修豪華、色彩絢麗，用各種彩色的大理石貼面，點綴著金箔，地面和穹頂採用了大面積底色統一的馬賽克人物畫或粉畫，發券、柱頭等地方裝飾著大量的石雕。教堂建築的絢麗堂皇極力地顯示著皇權的尊貴，是皇權與教權合一的代表，是封建主統治人民思想的界體。（如圖：3-1-1 土耳其索非亞大教堂）。

3-1-1　土耳其索菲亞大教堂

哥特式建築則是一種興盛於中世紀高峰與末期的建築風格，在當代普遍被稱作「法國式」。12～15 世紀，當時城市手工業和商業行會相當發達，城市內實行一定程度的民主政體，市民們以極高的熱情建造教堂，以此相互爭勝來表現自己的城市。哥特式建築特色包括尖塔高聳、尖形拱門、大窗戶及繪有聖經故事的花窗玻璃。（如圖：3-1-2 德國科隆大教堂）此時的教堂已不再是純屬宗教性建築物，它已成為城市公共生活的中心，成為市民大會堂、公共禮堂，甚至可用作市場和劇場。在宗教節日時，教堂往往成為熱鬧的賽會場地。

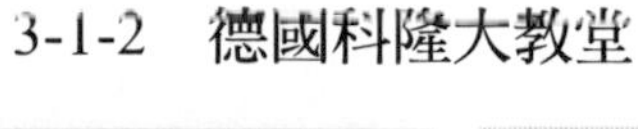
3-1-2　德國科隆大教堂

3.1.2 中西方傳統建築格局的異同

中西方社會制度、思想文化和性格特徵方面的巨大差異使得中西傳統建築在空間佈局上有著根本性的區別。中國傳統建築的空間格局是在廣闊的地面上平面鋪開，體現的是封閉性的、群體性的特點。在中國古代，從住宅到宮殿，無論何種建築幾乎都是這類空間佈局。這類空間佈局給人的感覺是「寬而廣」，展現的是組群式建築的集體之美。例如：北京明清宮殿，明十三陵和曲阜孔廟等都是規模巨大的建築群，院落重重，結構緊密相聯，合乎規律地排列著，無不展現著中國傳統社會結構形態的內向性特徵和封建的宗法思想與禮教制度。西方則不同，其傳統建築是向高空發展，呈現出開放的單體的空間格局，給人的感覺是「高而大」。

北京故宮和巴黎盧浮宮建造與擴建的年代比較相近，從中我們可以看到中西傳統建築格局的顯著差異。北京故宮是圍繞中軸線平面鋪展，形成一系列由數以千計的單個房屋組成的院落，總體看來就是一個龐大的建築群體，氣勢之恢宏，規模之壯闊，令人歎爲觀止。巴黎盧浮宮則是垂直疊加，不斷地向上擴展，形成一個巨大而富於變化的整體，總體看來巍然聳立、雄偉壯觀。中西傳統建築的格局差異由此可見一斑。此外，西方人早期就經常通過海上相互交往溝通，而且在奴隸社會時期實行的是奴隸民主制。這些外向型性格和科學民主的精神影響到了西方人對建築的審美。從古希臘、古羅馬時期的城邦開始，西方人就在建築中廣泛地使用柱廊、門窗，讓整個建築更透明更容易與外部交流，以外部空間來包圍建築，以突出建築的實體形象。如果說中國建築佔據著地面，那麼西方建築就佔領著空間，這是由於歐洲稀缺的資源只能維持分散的小型城邦，城市的選址多是在聚落的中心位置，建築上表現其宏大，注重裝飾，以佔據制高點的城堡爲中心，在沒有天然庇護所可以依恃的情況下與之相匹配的是一種外向型的炫耀式的建築景觀。因而歐洲人信賴的是以人工構築的城堡，是對自身力量的信賴，西方除了雄偉的教堂外，最具特色的就屬城堡了，每一座城堡都有一個故事（如圖：3-1-3 德國霍亨索倫城堡）。霍亨索倫城堡建於 11 世紀，座落在群山之間，佔領著制高點，可以遠眺周圍的領地，其建築風格也充滿英雄主義的陽剛之氣，這也正代表普魯士王朝的輝煌歷史。

3-1-3　德國霍亨索倫城堡

概而言之，建築受自然物候、材質原料、社會條件、技術水平、思想觀念、宗教文化、審美情趣等諸多方面的影響，不同時期和地區建築風格又總是受到同時代的審美和社會風氣所影響。所以造成了多種建築形態的差異性。中、西傳統文化同樣有著幾千年的歷史，同樣對人類文化的發展做出了重要貢獻，儘管發展道路不盡相同，但最終形成了各具特色的文化。在整個發展歷程中，它們不時分別處於領先的地位，又時時互相影響、互相促進，形成了各自的文明模式。這種各具特色的文明發展模式分別以不同的方式影響著各自建築的發展。所以，中國傳統建築受中國傳統文化氣息影響，主要以木結構爲主，而西方以石材爲主，建築風格以「羅馬風」和「歌特式」爲代表。由於建築材料不同而在製作工藝上發現差異，由此造成中國傳統建築細膩精巧，西方傳統建築宏大堅固的特點。

3.1.3 中西方傳統建築材料的異同

如上所述，中西方物質文化、哲學理念等都存在著明顯的差異，這同樣也影響到了中西傳統建築對建築材料的選擇。

從建築材料的選擇來看，在世界上所有已經發展成熟的傳統建築體系中（包括屬於東方傳統建築的印度傳統建築），基本上都選擇磚石爲主的建築材料，諸如埃及的金字塔，古希臘的神廟，古羅馬的鬥獸場、中世紀歐洲的教堂等等。（如圖：3-1-4 希臘神廟）我們稱此類建築爲磚石結構系統的建

3-1-4 希臘神廟

築。歐洲人的這種選擇多少與其地理位置相關，歐洲的地理位置都要偏北，寒冷，因為烤火的原因，牆不宜用木。中國傳統建築（包括鄰近的日本、朝鮮等地區）卻獨樹一幟，主要以木材作為建築材料，並由此形成龐大的木結構系統。

中西方傳統建築對於建築材料的不同選擇，原因是多方面的，有氣候、地理位置等自然因素的原因，也有不同文化，不同理念和不同心理特徵方面的影響。從人與自然的關係這一角度來說，西方認為並且強調人是世界的主人，人的力量和智慧能夠戰勝一切，充滿著求真的理性精神，所以西方人更趨向於對石材的肯定。而古代中國在人與自然的關係中，所宣揚的是「天人合一」的自然宇宙觀，認為人與自然是融為一體的，人要敬畏自然、親近自然。所以，在建築活動中中國人將木材作為主要的建築材料，體現中國人對大地自然的生命之親。所以，中西傳統建築雖然同樣經歷了木質結構時期，但西方很快開始轉向石材，這順便可以解釋為什麼歐美人對東方文明有隔膜的問題——他們一直住在被稱為「石頭的史書」的建築裏，他們的原始文化中始終有一種巫術意義上的「戀石」——他們的建築風格也因此與東方產生了巨大的審美分歧。從希臘、羅馬時代奠定的古典柱式建築系統，經過意大利文藝復興、法國古典主義、直至十九世紀的復古思潮，一脈相承的柱式整套規則，由初創到純熟地運用幾何、數學的理性分析，上昇為理論著述，西

3-1-5　應縣木塔

方在數字的和諧、恰當的比例、尺度、視覺偏差的校正、尊嚴性、紀念性的表達等方面都爲世人所矚目，當然，也不可避免地帶來了爲追求藝術而忽視了功能，強調理性而抹殺了人性等問題。

相對於西方傳統建築的磚石結構體系來說，中國傳統建築是獨立的木構體系。（如圖：3-1-5 應縣木塔）這種體系優點很多：如維護結構與支撐結構相分離，抗震性能較高；取材方便，施工速度快等等。同時木結構也有很多缺點：易遭受火災，白蟻侵蝕，雨水腐蝕，相比磚石建築維持時間不長；成材的木料由於施工量的增加而緊缺；梁架體系較難實現複雜的建築空間等。不過，中國傳統建築中也有少量磚石建築，如《史記·索隱》中稱：「石室金匱，皆爲國家藏書之處。」〔註1〕如《水經注》中有多處記載，《渭水篇》：「磻溪旁有一石室，蓋太公所居也」。磚石結構多用於塔式建築。

木材的壽命不像磚石那樣恒久，更有不耐火的致命缺點，我們的祖先雖然發明了許許多多的保護方法，仍然不能讓歷史上絕大多數經典建築流傳下來。有不少人以爲這一定是因爲中國自古就缺少適於建築的石料。如有些學者認爲「我國最早發祥的地區——中原等黃土地區，多木材而少佳石，所以石建築甚少。」〔註2〕這是利用「實物」得出的簡單差異。實際情況並不是這樣，磚石（尤其是磚）一直是中國傳統建築中的重要角色，只是從來不曾擔任過主角。西方人用石頭砌造了宏偉的大教堂。在中國，這些石頭只用來建造臺基、欄杆和鋪設路面，支撐房屋和巨大屋頂。再進一步，如果說西方人使用石頭「工具」並使之理性化、制度化，那麼，中國人則從文化到個人，都可以說已深深地楔入了一種叫「木性」的東西，理解了這一點，就能更好地理解中國的傳統建築文化。

〔註1〕《史記·索隱》。

〔註2〕劉致平著，王其明增補，《中國居住建築簡史：城市、住宅、園林》（第二版）〔M〕，北京：中國建築工業出版社，2000年，第25頁。

3.1.4 中西方傳統建築發展的異同

中西方對革新態度的立場不同，使得中西傳統建築的發展程度存在差異。從建築發展過程看，中國建築是保守的。據文獻資料可知，中國的建築形式和所用的材料 3000 年不變，多是土木構建的「干闌式」建築，建築土基多爲夯土，高一些的要砌磚石，從中國已揭露的河姆渡遺址局部來看，使用木構技術已有相當久遠的歷史了，而就其木構技術來說也是相當發達。（如圖：3-1-6 中國河姆渡遺址早期干闌式建築）在漫長的發展過程中，中國建築始終完整地保留了體系的基本性格，以漢族建築爲主流，主要包括如城市、宮殿、壇廟、陵墓、寺觀、佛塔、石窟、園林、衙署、民間公共建築、景觀樓閣、王府、民居，長城、橋梁大致十五種類型，以及如牌坊、碑碣、華表等建築小品。

3-1-6　中國河姆渡遺址早期干闌式建築

中國地域遼闊，環境條件差異很大，各族的生活、習俗、宗教信仰不同。在長期發展過程中，形成不同的建造技術和建築風格，各地居民有明顯的差異。值至今日，各地的民居依然有所不同，如南方悶熱地區的干闌式、西藏高寒地區的碉房、福建的土樓、陝西的半坡屋、內蒙的帳篷、新疆的氈房、喀什的夯土房、陝北的窯洞、湘西的弔腳樓等，

中國漢族地區的建築營建水平發展到成熟階段，傳統建築物的主流仍然是土木結構的規整式住宅。以採取中軸對稱方式佈局的北京四合院爲典型代表，分前後兩院，居中的正房體制最爲尊崇，是舉行家庭禮儀、接見尊貴賓客的地方，各幢房屋朝向院內，以遊廊相連接。這種四合院雖是中國封建社會宗法觀念和家庭制度在居住建築上的具體表現，但庭院方闊，尺度合宜，

寧靜親切，花木井然，是十分理想的室外生活空間。華北、東北地區的民居大多是這種寬敞的庭院。南方的住宅較緊湊，多樓房，其典型的住宅是以小面積長方形天井爲中心的堂屋。這種住宅外觀方正如印，且樸素簡潔，在南方各省分佈很廣。

中國傳統建築是一個連續完整、相對獨立的發展體系，高臺、木構架、大屋頂的外觀形式、庭院的組合模式，以及園林崇尚自然的傳統一脈相承，未曾間斷。在中國古代建築發展的歷史長河中，存在一種相對穩定的建築發展觀。建築與傳統文化有著潛在的相似性。文化的延續性導致了建築類似的延續性，在如此幾千年延續的封建制度下，人們的價値觀、生活方式沒有太大改變，對於建築的要求也沒有太大改變。

中國傳統建築的發展從其全部歷史可以分出幾個大的段落：商周到秦漢，是萌芽與成長階段，秦和西漢是發展的第一次高潮；歷魏晉經隋唐而宋，是成熟與高峰階段，唐宋的成就更爲輝煌，是第二次高潮，可以認爲是中國建築的高峰；元至明清是充實與總結階段，明至盛清以前是發展的第三次高潮。可以看出，每一次高潮的出現，都相應地伴有國家的統一、長期的安定和文化的頻繁交流等社會背景。例如秦漢的統一加速了中原文化和楚、越文化的交流，隋唐的統一增強了中國與亞洲其他國家，以及中國內部南北文化的交流，明清的統一又加強了中國各民族之間、并開始了中西傳統建築文化的交流。與其他藝術例如詩歌常於亂世而更見其盛的情況不同，可以認爲，統一安定、經濟繁榮、國力強大和文化交流，正是中國傳統建築藝術得以發展的內在契機。〔註 3〕

相對中國傳統建築的超穩定性，西方傳統建築的結構和材料演變卻非常頻繁。歐洲建築的源頭是古希臘文明，公元前 5 世紀到公元前 4 世紀，古希臘的建築藝術達到鼎盛，以雅典衛城及其神廟爲代表的一個個建築傑作橫空出世。古希臘人的「光榮」被古羅馬人的「偉大」所取代，古羅馬人由於發明了由天然的火山灰、砂石和石灰構成的混凝土，在劵拱結構的技術方面取得了很大的成就，其興建的宮殿、凱旋門、競技場、劇場和大浴場雄偉壯觀富麗堂皇，他們和古希臘建築一道被視爲垂範千古的經典，成爲西方建築文化最深刻的根源。此後，整個歐洲傳統建築無論從形象、比例、裝飾和空間佈局都不斷演進、突變著。從古希臘古典柱式到古羅馬的拱劵、穹窿頂技術，

〔註 3〕 梁思成，《中國建築史》〔M〕，天津：百花文藝出版社，1998 年，第 179 頁。

從哥特建築的尖券，十字拱和飛扶壁技術到歐洲文藝復興時代的羅馬聖彼得大教堂，都發生了相當大的改觀。這反映了西方人敢於追求個性，勇於創新的精神。

3.1.5 中西方傳統建築價值的異同

建築被中西方的建造者賦予了不同的價值，這源於中西方不同文化和不同審美觀念，就如同因地理環境而使中西方形成截然不同的「黃色文明」、「藍色文明」，建築同樣體現這種特色。

「建築是一個理念的問題，從文化上看，我們知道，我們可以從建築當中看出來，中國的文化是怎麼樣發展的，我們可以從四合院，以及故宮這些建築，可以看出中國的文化怎麼樣發展的，這體現了一種文化。文化是用理念來支撐的，也就是說，文化需要一種價值觀來判斷，有不同的價值觀就有不同的建築，所以西方的建築和東方的建築就不一樣。也就是說，價值觀爲體系的文化核心的問題，他是文化發展的動力源泉，也是文化規範性功能的體現，所以說，價值觀構成人們選擇自己活動的依據，不同的價值觀有不同的審美方式以及審美的情趣，從這個意義上可以看出來，比如說，中國人房子上有龍，越南文廟上也有一條龍，也就是說，龍是東方的崇拜物，但是西方就不一樣，龍是蛇，是帶來災難的。這個評價跟我們就不一樣，據說婦女生孩子，龍要把她生的孩子吃掉的。這就可以說是不同的價值觀念。」〔註4〕

從建築的價值來看，中國傳統建築的結構靠師徒相授的方式傳承，一代一代地言傳手教，實踐與經驗在其中佔據了很重要的位置。而現代建築中常用的計算、定量分析和形式邏輯的構思方法在中國傳統建築中基本上不占份量。我們對於中國的傳統建築，尤其是唐以前的建築的認識，多從文獻資料上得到信息。因此，中國傳統建築的價值在於信息的傳遞，而不在於建築實物體的留存。

而西方傳統建築的價值正好相反，它們著眼於建築實物體的留存。一直以來，西方人都把「堅固」和「實用」作爲評價優秀建築物的第一和第二原則。如早在古羅馬時期，建築理論家維特魯威就在他的《建築十書》中提出

〔註 4〕 中國人民大學孔子研究院院長張立文於 2005《亞洲文化與建築》國際論壇講演詞。

了「適用、堅固、美觀」的建築觀點，後代西方人視其爲建築的經典原則。到 17 世紀初建築師亨利・伍登又把「堅固、實用和歡愉」作爲優秀建築物必須具備的三個條件。西方人如此重視建築的堅固與實用性是與西方長久以來的科學和理性精神相聯繫的。早在古希臘時代，畢達哥拉斯、歐幾里得首創的幾何美學和數學邏輯就給西方人注入了科學的精神，而亞里士多德的理性主義又爲西方人上了一堂深刻的理性精神課。從此以後，整個西方的一切科學和藝術道路都被這種科學與理性確定了命運。縱觀一下西方的建築史，我們就會發現不同幾何形體的展示是西方傳統建築的主要構形意識：雅典帕提隆神廟的外形輪廓爲兩個正方形，米蘭大教堂的外型輪廓是一個正三角形，巴黎凱旋門的立面也是一個正方形。西方傳統建築中科學理性精神的注入，注重於建築實物體的保存，其追求的萬世長存的永恒價值。因而當中國絕大多數的傳統建築物隨著時間的流逝而被毀壞或無聲消失的時候，西方古希臘、古羅馬、古埃及的傳統建築依然完好地保存著，用實物體形象演繹著自己的文化。

通過以上的比較，可看出中西方傳統建築由於其所生存的觀念文化、制度文化和物質文化的不同，而在建築的形式、格局、材料、發展歷程和價值表達上各具特色。

3.2 中西方傳統建築倫理思想的比較

德國學者恩斯特・卡西爾在他的《人論》中說：「人類文化分爲各種不同的活動，它們沿著不同的路線進展，追求著不同的目的。」〔註 5〕因此，中西傳統文化在形成淵源與緣由、發展邏輯和空間、構建理念與目的等方面必然存在著差異。而這種差異也必然會融入、體現在中西傳統建築倫理文化或建築風格形式上。

3.2.1 祖宗崇拜和上帝至上

中國人崇拜祖宗，三皇五帝時便有祭天、祭祖的習慣，商代就出現了稱作「名堂」的祭祀性建築，據《周禮》記載，王城規劃必然重視祖廟的地位，按「左祖右社」進行布置。中國古代宗法禮制思想便是從「尊祖」這一基本

〔註 5〕（德）恩斯特，卡西爾著，甘陽譯，《人論》〔M〕，上海：上海譯文出版社，2004 年，第 90 頁。

信仰派生出來的。宗法是以天然血緣關係爲基礎的，他起源於原始氏族公社的祖先崇拜。這一思想觀念對中國傳統建築的影響是深刻的：首先，宗族觀念要求父子、親屬生活在一起，以免削弱宗族的力量，這一思想基礎就決定了傳統建築的基本模式是許多房間組合在一起的群體；另外，中國古代以農業爲根本，土地是宗族賴以發祥的根本，因此房屋必須立足於土，這就排除了建築向上發展的可能。在宗法思想的制約下，中國傳統建築就出現了典型的特殊風貌：以某一房屋爲中心向前後左右伸展的多組單層建築群體。

在中國無論是都城還是鄉村，大宗祠往往佔據地理環境中最重要的位置，同樣，大宗祠也是最宏大華麗的。它是供設祖先的神主牌位、舉行祭祖活動的場所，又是從事家族宣傳、執行族規家法、議事宴飲的地方，形成一個禮制中心。

大宗祠代表宗族，小宗祠代表房派，堂屋則代表家庭。所以，兄弟分產之後，新建的住宅，必定要有堂屋，這才算是獨立了門戶。宗祠是封建宗法制度的象徵，是儒家倫理教化的中心。

宗祠的型制很保守，佈局千篇一律，依中軸線絕對對稱，門廳、戲臺、院落、正廳，加上兩側廊廡，這是大宗祠的格局。小宗祠沒有戲臺，甚至沒有門廳和廊廡，代之以圍牆和一個簡單的大門。它們都是內向的，十分封閉，不管外面的環境如何。在外向、開放、富有個性的住宅群裏，宗祠的保守、封閉、內向、沒有變化，是非常觸目的。在很有個性的、多變化的住宅建築裏，有一個不變的、相當定型的核心，這就是一般位於中軸線上的正廳，或者叫堂屋。這間堂屋其實是一個微型的宗祠。它是宗祠的延續和補充，把宗祠的功用日常化。在所有這些場合中，年青的子弟們一次又一次接受著封建宗法制的教育，堂屋也就成了家族內聚力的象徵。這反映著正統文化跟民俗文化的對立，在對立中，顯現出宗祠作爲封建傳統的捍衛者的作用。

宗祠以封建的倫理進行禮樂教化，宗祠裏一般要定期舉行莊嚴隆重的儀式，「妥祖宗之先靈，序昭序穆」。逢年過節的家祭、先人的忌日、老輩的壽辰、婚喪嫁娶，一年之中，禮儀也很不少，而且平日的用餐、會客等等，也都有嚴格的禮儀。

宗祠還是一個以儒家思想「化民成俗」〔註 6〕的場所：凡遇春秋祭祀之時，朔望參謁之日，族長、族正以下，依次而坐，令弟子三人，北面而立，

〔註 6〕《禮記・學記》。

讀太祖高皇帝《舊制》。其詞曰：『孝順父母，尊敬長上，和睦鄉里，教訓子孫，各安生理，毋作非爲』。族屬皆跪聽。又讀古靈陳先生《勸諭文》，曰：『爲吾民者，父義，母慈，兄友，弟恭，子孝；夫婦有恩，男女有別，子弟有學，鄉閭有禮；貧窮患難、親戚相救，婚姻死喪、鄰保相助。毋惰農業，毋作盜賊，毋學賭博，毋好爭訟；毋以惡淩善，毋以富驕貧；行者遜路，耕者讓畔，斑白者不負載於道路，則爲禮義之俗矣。』族屬立聽。」《珍川朱氏合族副譜》裏有一則《如在堂記》，其中寫道：「爲子孫者，睹規制之偉宏，則思祖德之寬遠，見棟宇之巍煥，則思祖業之崇深」。有些宗譜裏還規定，朗誦每篇之前，都要擊鼓三聲，聽的人有談笑的，要當眾受責。

宗祠的教化作用，除了定時的儀式之外，還有匾額、楹聯、碑記等等。而有力的，是男女老幼人人都容易接受的戲劇表演。凡大宗祠必有戲臺，「寓教於樂」，所以宗詞既是禮制建築，又是娛樂建築或者說文化建築。宗祠戲臺演的戲是世俗的，雖然離不開忠孝節義，卻沒有純粹的宗教戲。宗祠裏確實沒有「怪、力、亂、神」的位置，純是人文氣息，宗祠的建築裝飾雕刻，題材也是世俗的，大多是吉祥的祝福，如喜鵲登枝，富貴花開之類。

此外，在中國古代，建築還被納入政治生活的領域，建築審美價值與政治倫理價值高度統一，成爲社會政治文化和思想觀念的主要表達方式，表現出很強的集聚特點。建築是「政治性最強的藝術形式」。與西方相比，中國宮殿建築在藝術中所佔的比重要大得多，不少藝術史家說，西方建築是以教堂、寺廟爲主體串起來的一部藝術史，而中國建築則是以宮殿串起來的。中國古代的任何歷史時期，建造得最宏大、最華麗、級別最高的建築都是宮殿。它代表了中國建築文化中的精華，在它身上也最能完整地體現出中國建築藝術的特殊性格，宮殿不愧爲中國傳統建築的重心。君權至上的政治觀念對中國傳統建築文化的影響是根深蒂固的。「且夫天子以四海爲家，非壯麗無以重威，且無令後世有以加也」〔註 7〕。皇宮營建作爲國家政治生活的頭等大事被載入史冊，流傳後世。時至今日，在中國各地，出於強化政治秩序的考慮，尤其是在經濟不發達地區，政府建築群通常是該地區所有建築物當中規模最宏大、氣勢最威嚴的。

與中國不同，歐洲每一個村鎮和城市，教堂才是最高大的建築物，而且位於中心，成爲整個建築環境裏的藝術焦點。歐洲教堂之所以在建築環境裏

〔註 7〕《史記・高祖本紀》。

占那麼重要的地位，大約關鍵也在於它的倫理教化作用。歐洲教堂每禮拜天都要做彌撒，彌撒是一種宗教儀式，是天主教最崇高之祭禮，基督的聖體聖血在祭壇上經由祝聖而成爲眞正的祭祀，乃十字架祭祀的重演，指的是基督教紀念耶穌犧牲的宗教儀式，相當於倫理教化。從主要的社會作用和在建築環境裏的地位來看，中國鄉村裏的宗祠跟歐洲教堂的教化部份是對等的，歐洲中世紀的教堂裏演出戲劇，同時教堂內部又有鑲嵌、雕刻、壁畫和玻璃窗彩繪，題材取自聖經故事，多種方式一起來宣傳教義，便於人們通過直觀瞭解耶穌基督救世的精神。

我們可以對中西方各種不同的建築類型所代表的政治、宗教和倫理意蘊作一個簡單的對比。如下表：

	政治權力	宗教信仰	迷信活動	倫理教化	關 係
祖宗崇拜	皇宮	宗祠	寺廟、宮觀	宗祠、寺廟、宮觀	君
					臣
上帝至上	教堂	教堂	教堂	教堂	神
	皇宮				人

3.2.2 天人合一與天人相分

中國傳統建築追求天人合一，西方傳統建築主張天人相分，這似乎是一個普遍認同的信念了。中國古代由於農耕生活的影響，人們企盼與自然建立起一種親和的關係。這種關係概括起來就是「天人合一」的生活理想，「天人合一」指的是人與自然之間的和諧統一，體現在人與自然的關係上，就是既不存在人對自然的征服，也不存在自然對人的主宰，人和自然是和諧的整體。體現在社會與自然的關係上，就是注重尋求人倫社會和個體人格的和諧以及自然和社會整體的和諧。「天人合一」不僅體現了中國古代社會的生活理想，而且從根本上成就了中國古代的文化精神，當然這個理想也直接影響著作爲文化載體的建築的發展演變，幾千年來，中國傳統建築的發展，始終是以尊重自然爲前提的，而人們的創造力也是先融入自然和社會歷史傳統再表現出來的。

所以，中國人一貫的思維方式是主客不分，是「天人合一」，而西方的思維方式則正好相反，是主客二分的。對於這一涇渭分明的不同思維方式，許多知名的文化學者都闡釋過。如，現代新儒家代表人物成中英講，「主體白我與客觀世界的分離」〔註8〕才是西方思想的邏輯起點，因爲它「要求對客觀世界有一主客的分辨」。〔註9〕季羨林先生也曾數次提到，中國的思維方式是主客不分的，而西方的思維方式卻是主客二分的。國學大師張岱年的觀點則更明確，他認爲中國哲學，在根本態度上很不同於西洋哲學或印度哲學的地方就在於中國人認爲人只有與天合一才能夠與天和諧同處〔註10〕而「西洋人研究宇宙，是將宇宙視爲外在的而研究之，中國哲人的宇宙論實乃以不分內外物我天人爲其根本見地」〔註11〕。中國古人將這種倫理思想移植到傳統建築設計上，而且把「天人合一」視爲傳統建築的靈魂所在。而古代西方則是從主客關係出發來提出、把握所有建築設計的問題，從而總是追問建築的本質以及如何認識建築之美。

那麼，中國是不是從來就如此的主客不分、「天人合一」呢？問題沒有那麼簡單，深層的根由在於中國其實是在主客二分之後，一直在堅持不懈地追求這二者融合，並獲得了成功。而西方在主客二分之後，由於主體相信對客體的絕對的掌控與佔有才是眞理，主體與客體才越來越走向分離與對立。這也就造成了中西傳統思維方式的顯著不同。實際上，主客、物我、內外的二元區分在中國古代的思維方式裏一直都有，只是中國古人沒有把主客、物我、內外二元對立起來。它僅僅是一種二元區分而已，絕不是二元對立，所以不會導致主客、物我、內外的分裂和衝突。並且中國古人在主客二分之後一直在盡全力使主客、物我、內外統一起來。中國古人的這種思維方式認爲，那個外在的「物」的世界、「天」的世界和人的世界是一致的。所謂盡心則知性，知性則知天，人關鍵是要從其自身的世界出發，認清了「人道」，就會懂得外在世界的「天道」，人們不需要直接去分析、研究外在世界，而只需從「我」的世界去通達「物」的世界。

如上所述，中西思維方式的主客不分與主客二分的區別，使中國人在處理人與自然的關係時追求「天人合一」，而西方人則更相信人對自然征服的

〔註8〕成中英，《論中西哲學精神》〔M〕，上海：東方出版中心，1996年，第87頁。

〔註9〕成中英，《論中西哲學精神》〔M〕，上海：東方出版中心，1996年，第87頁。

〔註10〕張岱年，《文化與哲學》〔M〕，北京：中國人民大學出版社，2006年，第186頁。

〔註11〕張岱年，《文化與哲學》〔M〕，北京：中國人民大學出版社，2006年，第155頁。

「天人相分」。在這種思維方式的影響下，中國傳統建築的一門一窗、一房一殿都力求與自然之物景相協調，處處體現著人與自然的親近、融合，洋溢著「雖由人作，宛自天開」的自然情調；而西方傳統建築則巍峨突兀、氣勢雄渾，甚至於建築周圍的園林綠化、花草樹木之類的自然物，也要經過人工剪修，刻意雕飾，呈獻出整齊有序的人工圖案，以其超脫自然，駕馭自然的「人工美」展示著人對自然的征服與佔有，體現了天人對立、人定勝天、天人相分的思維習慣與精神理念。

3.2.3 禮樂與邏輯

「中國建築在數千年的延續發展中，一個鮮明的藝術特點就是他的清晰的理性精神」〔註 12〕。中國傳統建築無論是單體建築，還是建築群體，都佈局考究，形態典雅。在豐富的形態中包涵著形式法則、社會倫理、傳統哲學等理性美學思想，這些思想又與建築的形、色、質等緊密聯繫、相互交織在一起，在清晰的條理中體現出「理情寓合」的統一。

中國傳統建築無論是工官掌握下的官式建築，還是各地自主營建的民間建築，從平面佈局、立面造型到建築構件、尺寸材料等，都遵循著一套完備的尺度法則，既有長期約定俗成的如三朝五門、前朝後寢、背山面水、以「中」為尊等傳統思想，以材、契、分為度量單位的模數尺寸系列，以架、進、間為單位的空間系列，以及由廡殿、歇山、懸山、硬山、攢尖等組成的大屋頂系列，由柱、梁、枋、檁等組成的構件系列，也有嚴格具體的量化限定。如周代《禮記》中對壇臺使用的堂的規定：「天子之堂九尺，諸侯七尺，大夫五尺……」，又如「庶民廬舍……不過三間五架」等，這些法則都忠實地服務於封建社會的禮樂制度。我國傳統建築歷經數千年的演變而未曾出現大的變動，表現出超強的穩定性、獨立性和同一性，與近代西方繁雜多變的建築風格流派呈明顯反差：一方面由於嚴酷的封建禮制束縛了匠師們的創造性，設計者和施工者不敢稍有「僭越」；另一方面也是中國文化中知性研究的傳統不強，「建築技術處在經驗科學範疇，匠師知其然而難準確知其所以然」〔註 13〕。

而西方傳統建築體現的是一種建立在科學基礎之上的理性思維，比較注

〔註 12〕汪正章，《建築美學》〔M〕，北京：東方出版社，1997 年，第 149 頁。
〔註 13〕潘谷西，《中國建築史》〔M〕，北京：東方出版社，2003 年，第 245 頁。

重邏輯與論證。西方傳統建築講求藝術處理的合理性與邏輯性，強調藝術、技術、環境的協調與佈局，重視比例的適當與藝術的精巧。他們從「方、圓、線、三角」的基礎上衍生出新的簡單造型，這種幾何構造影響了西方的建築設計，一個造型作爲一個單位，然後重複的堆砌，反覆的延伸，形成一堵巨大的空間牆體，單一性和重複性則容易產生單純的面，貧乏感卻有時給思維留下一張空白的紙，讓自己的想像任意發揮，因此，西方傳統建築常常有創新。

3.2.4 保守與開放

中國的農耕文明使中國人比較習慣一種自給自足的生活，在這樣的情況下，一般不會有人願意爲了一種新事物吃太多的苦。同時，中國文化傳統中較爲強調群體而抑制個性發展，這是中國傳統文化的不足之處。而且，這種做法影響到了中國傳統建築的發展，使中國傳統建築在整體佈局、空間設置、功能劃分等方面也趨近於保守、封閉。比如，中國人喜歡群體組合的院落式建築，傳統建築基本上以間爲單位，由「間」至「房」至「院」。典型的如北京四合院，其圍牆、影壁就是圍合、阻隔的代表符號，顯示出某種保守、封閉的偏安思想傾向。這種內向封閉的傳統庭院建築在某種程度上代表著傳統社會的整個保守心態，反映中國古人比較注重自我與他人的各安其分、互不相犯的內心狀況，人人都安於在一個封閉的、狹隘的小世界裏，以家長自稱。所以中國古人的家，是一個用圍牆、影壁圈起來的獨立世界，一些較大的宅院或府第，一般都把後花園模擬成自然山水，用建築和院牆加以圍合，內有月牙河，三五亭臺，假山錯落……顯然有將自然統攬於內的傾向。這在一定程度上滿足了中國人趨於防範、相安和保守的文化心理需求。可以說，這是中國人對內求心安、對外求自保的一種自我封閉性、單純防守性的文化心態在傳統建築上的反映和體現。

我們知道，西方人的價值觀是二元的，在認知世界上更多的表現出對立的傾向。在這種價值觀裏，如果自我和別人雷同，就不能證明自我的存在，那麼想凸顯自我，只有個性的張揚和人格的獨立，在某種程度上顯現爲一種非此即彼的衝突。受這種價值觀的影響，西方傳統建築中的單體建築較多，且各具特色。這些單體建築以平直、外露、規模壯闊、氣勢雄渾爲美，充分利用視野開闊的大草坪、巨大的露天運動場、直入雲霄的高層建築來表示個性突出，如意大利佛羅倫薩的比薩斜塔。西方傳統建築又善於借助外部空間，將室內與室外融爲一體，有借室外開闊室內之意，開放性較強，如，法國的凡爾賽宮，佔地兩百多畝的後花園與接連毗鄰的水池群雕相即相融以及兩旁對稱且裁剪整齊的樹木，一直伸向遠方的城市森林，其構思宏偉、眼界開闊、佈局複雜，給人以意境悠遠、情調浪漫之感。（如圖：3-2-1 法國凡爾賽宮全景圖）從某種程度上說，這反映了西方人征服自然的進取、外向的行爲方式與價值取向。這與中國傳統建築的象徵性、暗示性、含蓄性等特徵有著不同價值理念。

3-2-1　法國凡爾賽宮全景圖

3.3 近現代中西文化融合的建築個案分析

20 世紀的中國是一個中西文化衝突、比較和交融的時代。中華民族還從來沒有象這一百多年來那樣，吸收過異質文化中如此豐富多樣的文化基因，創造出如此繁盛的文化雜交品種，有許多東西已經成爲我們民族中永遠抹不去的本體結構，成爲我們進一步向前發展的固有前提和根基了。中國近代史上中西傳統建築文化融合存在著兩種不同的途徑，一種是基於中國傳統建築觀念的、以中國傳統建築爲本體的吸納西方傳統建築技術、紋樣和造型特徵的途徑；一種是基於西方傳統建築觀念，以西方傳統建築爲本體的吸納中國傳統建築造型特徵和裝飾紋樣的途徑。這兩種途徑，從文化學立場看，均顯示出中國傳統的把建築視爲塑造人們起居格局並建構社會秩序的工具的觀念，具有深刻的合理性。

3.3.1 貴陽市天主堂個案分析

貴陽市北天主堂見證了貴州天主教兩百多年的歷程，其間歷經 6 次改建和重建。1798 年（清嘉慶三年），四川教友胡世祿來貴陽傳教，在他的提議下教徒們集銀九十二兩，在今北天主堂址買房一所改建成天主堂，即爲北天主堂前身；1846 年 3 月 27 日，天主教貴州教區成立，首任主教白斯德望在原址上新建一座能容納 200 人的天主教堂，尊奉聖若瑟爲教堂主保，這是貴州歷史上第一座正式教堂，也是貴州教區的主教座堂。（如圖：3-3-1 貴陽市北天主堂）

3-3-1　貴陽市北天主堂

1874 年（清同治十三年），因教友群眾逐漸增多，原有教堂已不能容納，遂將其拆除重修大教堂，由法國傳教士畢樂士負責監工修建。畢樂士遍訪中國古建築專家，又融西方教堂建築之精髓，造一座貴陽標誌性的建築物，並於 1876 年將新堂建成。建成後的貴陽北天主堂以其中西合璧的建築特色馳名中外，它因地勢高峻顯得雄偉壯觀，堂身 40 米長、18 米寬，大廳面積約 670 平方米。教堂正面聳立著一座高大牌坊，高 30 米，牌坊上千姿百態的中國傳統彩繪彰顯著建造者們對中國文化的理解；大堂頂部的三大穹窿，卻是西方教堂建築的典型特點；教堂後部聳立著 32 米高的五層鐘樓，當時，從鐘樓頂部可遠眺貴陽全景。曾被法國製成明信片和郵票向全世界發行。天主堂從建堂以來一直是教徒們誦經祈禱，恭敬天主的地方，僅在清代「禁教」和現代的「文化大革命」中宗教活動有過中斷，尤其是「文革」時期的 1966 年，北天主堂遭到極大的破壞。1980 年，中國共產黨重申宗教信仰的政策後，人民政府多次拔款維修北堂。停止宗教活動達 13 年之久的貴陽北天主堂重新響起了祈禱之聲。

該堂採用中國傳統建築材料，傳統施工工藝，傳統裝飾紋樣並揉合天主教教義建造，具有西方古建築傳統制式和近代屋架人字型結構方式以及巴西利卡式型制，其正面的牌門和後面的鐘樓與中部大廳組合協調，過渡自然，體現了較好的空間藝術性。它的史料價值、科學價值和藝術價值在貴陽所剩的歷史建築中，其典型性、僅存性都是獨一無二的。

3.3.2 南京大學金陵園個案分析

匯文書院的校園起初建在南京干河沿，第一座建築名曰「鐘樓」，由首任校長福開森設計，當時被南京人稱爲「三層樓洋行」。陸續建造的還有禮拜堂、青年會堂等，以後作爲中學部，現爲金陵中學校園。1910 年合併改名金陵大學後，在鼓樓西南購地建造新校舍，同時中國政府以金大教授裴義理主持華洋義賑有功贈地百畝，1913 年由紐約建築師克爾考里（C. X. C）完成校園規劃，之後由美國建築師司斐羅、芝加哥珀金斯費洛斯與漢密爾頓（Perkins, Fellows & Hamilton）建築師事務所的測繪師莫爾負責建造，1921 年建成後作爲大學部。金陵大學建築群是最早期融入西方傳統風格的中國傳統建築群。1952 年金陵大學和南京大學合併，金陵苑成爲南京大學校園。（如圖：3-3-2 南京大學金陵園）

3-3-2　南京大學金陵園

金陵園採用中國傳統的建築樣式，以塔樓爲中心，形成不完全對稱的佈局，造型和裝飾爲中式，材料和構架爲西式，許多建築材料由美國進口。

南京大學北大樓，當時稱作行政院大樓，在校園中軸線的最北端，是金陵大學的主樓，當時稱「行政樓」。建於 1917 年，1919 年全部竣工（大樓西南側牆根外有「1919」字樣刻石一塊），由美國建築師（A · G. Small）司邁爾設計，陳明記營造廠承建。建築面積 3473 平方米、大樓地上 2 層，地下 1 層，磚木結構，採用中國傳統的建築形式設計，同時又糅合了西方傳統的建築佈局，在大樓南立面的中部，建有一座高 5 層的正方形塔樓，將大樓分隔成對稱的東西兩半，塔樓頂部又冠以十字形脊頂，實際上是西洋式鐘樓的一種變形。簷下以斜拱承託。五層四周各有 3 扇窗戶，並飾以大理石假陽臺，內設水箱以供全樓之用水。大理石門框、門前飾有抱鼓石一對，門廳幽深，頂部飾以天花藻井，繪仙鶴翺翔圖案。大樓牆壁用明代城牆磚砌築，清水勾縫，牆面布滿了爬藤植物。這幢大樓現已成爲南京大學的標誌性建築。直至今日，北大樓已經成爲南京大學校部機關的主要辦公用房。現爲南京大學辦公樓。

3.3.3 英國布萊頓皇家穹頂宮（英皇閣）個案分析

羅馬帝國時代，即中國同時期的漢代，中國的絲綢便經陸路傳到了歐洲。此後，貿易往來不斷地爲大不列顛民族輸入「想像中國」的新鮮元素。中國的植物牡丹、杜鵑、紫藤等日益豐富著英國的園林，中國的印刷品、絲綢、瓷器、茶葉被當作高檔消費品，並被廣泛收藏。另一方面，在中國新鮮元素的刺激下，英國開始想像製作具有中國風格的瓷器、漆器、紡織品。

英國的城市大都趨向於將大教堂作爲城市的中心，而有一座城市卻恰恰相反，即位於英國海濱的旅遊勝地布萊頓，這座英格蘭南部海濱城市的標誌性建築是皇家穹頂宮，又稱英皇閣（Royal Pavilion），是英國皇宮與園林藝術中的一大亮點。（如圖：3-3-3 英國布萊頓皇家穹頂宮外貌）

英皇閣融合了中西方建築、內部裝飾等綜合特色，非常具有東方特色，外觀受到印度伊斯蘭建築風格（莫臥兒王朝）的強烈影響，有點類似泰姬陵，印度支那風格的佛塔、寶塔和圓頂屋。富於幻想的中國風內部設計，基本上出自 Frederick Crace 和 Robert Jones，而且相當的奢華。內部裝飾和擺設充滿中國情調。皇室行宮主要參觀區包括長廊、宴會廳、廚房、大廳、國王套房等，都保留了行宮當年的富麗堂皇。（如圖：3-3-4 英國布萊頓皇家穹頂宮

3-3-3 英國布萊頓皇家穹頂宮外貌

3-3-4 英國布萊頓皇家穹頂宮的宴會廳

的宴會廳）長廊主色為亮麗的藍和粉紅，充滿熱鬧氣氛；從宴會大廳天花板中央延伸出來的巨型樹枝形水晶弔燈遠看上去像是從一條巨龍的口中探出的一樣，周圍壁畫多為中國仕女和小孩；幾乎所有的東方器皿、壁畫、飾品都是中國原作的拷貝，而且更多地加入了當時西方建築畫師自己的理解和西方的文化，布萊頓宮的宴會廳是當時最豪華的大廳之一，中國龍形圖案隨處可見，牆壁上畫著 1 組被誇大的中國人物形象。在英國的園林裏，中國風格的寶英皇閣，外塔和中國花卉成為園林的最大亮色。建築物上都飾有龍形圖案。在這股想像中國的風潮下，18 世紀初期，法國畫家華托引入了一種絢麗的裝飾風格，極具中國特色，即「中國風」。這種風格在歐洲掀起了一股潮流。藝術品中充斥著中國瓷器、茶葉、建築等中國元素，帶著英國人想像中的異域風情和奇思妙想走來。

總之，中華文明與西方文明是世界上最古老的文明之一，中西方的傳統建築與建築思想有著共同之處，封建制度是中西方傳統建築的基石，歷史文化是中西方傳統建築的動力。從中西方傳統建築及其倫理思想的比較分析中可看出，中西方傳統建築倫理思想有著不同的文化背景和獨特的表現韻味，展現出各具特色的豐富內容。雖然中西傳統建築都充滿著社會生活、歷史文化、宗教信仰的積澱，但是中國傳統建築存在著一種相對穩定的建築發展觀，而西方傳統建築的發展觀念相對而言卻更活潑和多變。城市、園林、建築等作爲文化的一種載體，它的背後有著深刻的文化印迹和濃厚的人文精神要素。重視中西文化傳統，探求各自的民族特色，激活本國特殊的文化價值等，已成爲國際性建築思潮之一，建築風格進入了「各顯神通」的時代，人文追求成爲建築新的價值衡量尺度。由此，要產生具有中國氣派與文化底蘊、歷史精神與民族風貌的城市、園林和建築，就必須在借鑒其他民族優秀建築文化的基礎上，努力將中華民族的優秀文化巧妙地融入其中，把民族的、時代的、文化的、發展的要素結合起來，才能創造出體現民族文化特色的城市和優秀的建築作品。

第四章　中國傳統建築的倫理內核——禮的維護

中國古代「淡於宗教」、「濃於倫理」，講究上下尊卑的禮制文化，在傳統文化中是涵蓋面和影響力最大的文化範疇。「禮」指明了中國古代社會關係中的倫理內涵，而合乎倫理內涵的社會秩序的建立則依賴社會成員善盡他們所擔任角色的倫理責任，正名分，辨等級，社會中每個人都有一「名分」，並且必須謹守該「名分」所應遵守的行爲規範與職責。「禮」是中國傳統建築的倫理內核，強調社會的秩序性，表現爲傳統的建築工程形成了嚴格的等級制度：形制、色彩、規模、結構、部件等都有嚴格規定。中國傳統建築明確的禮制思想在一定程度上完善了建築形態，但是同時也限制了傳統建築的發展。

4.1 中國傳統建築規劃佈局之禮

中國傳統禮制文化思想作爲一種規範社會成員在複雜的社會關係中責任與義務的道德觀念而存在，深深影響並制約了中國傳統建築的群體佈局和單體建築的規模、體量、顏色、式樣及裝修等。

4.1.1 宏觀：城市、聚落的等級和城市內各居住區的等級

中國傳統城市建設和發展經歷了一段很長的摸索和認識過程，出於人的本能，最初古人選擇氣候溫暖、土地肥沃、水草豐茂適於生存的地區，爲了防止自然災害、野獸和敵人侵襲，在聚落的基礎上，他們築城、挖壕，形成原始城市。隨經驗積累，由本能逐步走向自覺，在城市選址、里坊、市場、

手工區域劃分以及房屋建築等方面，開始講究城市環境和城市的整體構圖，追求「風水」、「陰陽」和「天人合一」。正如馬克思所指出的：「眞正的城市只是在特別適宜於對外貿易的地方才形成起來。」〔註1〕

在中國古代文獻上和成語中，最初只有城、邑、都和市等單概念，「城」與「市」是彼此分開、相互獨立的兩個不同概念，分別屬於兩個不同的地理實體，直至春秋戰國之際，載有復合概念「城市」的文獻才開始流傳。《韓非子・愛臣》篇載：「大臣之祿雖大，不得藉威城市；黨羽雖眾，不得臣士卒。」《說文解字》載：「城，以盛民也。」清段玉裁注曰：「言盛者，如黍稷之在器中也。」《釋名》也說：「城，盛也。盛受國都也。」晉崔豹更是明確地指出：「城者，盛也，所以盛受大物也。」〔註2〕城最初的動機完全是爲了防禦上的需要。故《墨子・七患》中說：「城者，所以自守也。」市則是人們交易的場所，並不在城內。《易・繫辭》載：「日中爲市，致天下之民，聚天下之貨，交易而退，各得其所。」《說文解字》也認爲：「市，買、賣所之也」，「貿、賈，市也」〔註3〕。可見，凡進行買賣的交易場所即爲市。

由此，決定了中國城市發展的格局，一種是作爲軍事堡壘、統治階級政治中心而發展起來的「城」，是指四面圍以城牆，扼守交通要衝，具有防衛作用的軍事據點。故文獻上載道：「城，郭也，都邑之地，築此以資保障者也」〔註4〕。城、郭、城邑、都城、都邑等，都是指單純的「城」而言，其間並無質的差別。另一種方向是作爲商品交換中心而發展起來的「市」。其中前一種方向是城市發展的主導面，城市因而具有濃厚的自然經濟色彩。

中國古代城市大都力求規整對稱，往往以王宮或官衙爲中心，兩翼輔以東西兩市，文武雙廟，爲王宮所在，佔據高地，在夯土高臺上建造宮殿；城市的居民以達官貴人以及爲之服務的衙役、奴僕、兵弁等爲主體。而「左祖右社，面朝後市」的王城佈局方式則是最典型的儒家的城市觀念——以鮮明的理性邏輯秩序體現了封建社會的政治倫理思想。中國古代城市在發展中成爲了政治、軍事、商業合一型的城市，而都城具有的這種功能性則更強，聚政、理、仁三者功能，「從本質上看，城市是階級社會的產物，它是統治階級

〔註1〕《馬克思恩格斯全集》（第46卷上）〔M〕，北京：人民出版社，1979年，第474頁。

〔註2〕《古今注》卷上。

〔註3〕《爾雅・釋言》，《爾雅疏》載：「市，買賣物也。」

〔註4〕《禮記・禮運》。

——奴隸主、封建主——用以壓迫被統治階級的一種工具。」〔註5〕

歷代城市和建築都明確地按照等級制度來安排。周代講究「宗子維城」的政治部署，從周王到諸侯、大夫，都有屬於自己的城邦。周制規定，城邑禮制爲三等。周王等級最高，擁有王城，是整個國家的首都；諸侯城次之，是諸侯國的都城；第三等級被稱爲「都」，是宗室和卿大夫領地的中心，係周王朝血緣宗法政治的基層據點。凡王城、諸侯城和都之中都建有宗廟，以示血緣的尊貴，王城居首，爲全國血緣宗法政治中心。采邑之間尊卑有序，大小有制。而都以下則設有不建宗廟的「邑」，是一般的居民點。王、諸侯、卿大夫雖同屬一個統治階級，也很重尊卑「名分」，爲體現森嚴冷肅的禮制觀念，都城建築個體或者群體的方位必依「周法」，歷代少有改變。這樣就形成了一個「王城——諸侯城——都——邑」所構成的嚴密的等級體系。

王國維在《殷周制度論》中說：「都邑者，政治與文化之標徵也」〔註6〕。中國古代都城建築，尤其歷代首都，雖具有經貿、文化、外交等多種功能，但一貫強調王權重威、講求禮治秩序是其基本書化特色。《周禮·考工記》中的「匠人營國」一節中記述：「匠人營國，方九里，旁三門。國中九經九緯，經塗九軌。左祖右社，面朝後市。市朝一夫。」〔註7〕（如圖：4-1-1 中國古代城市佈局示意圖）規定了都城規劃佈局的等級。王城必以宮城居中，是天子所居之地。以宮城爲原點設立其他建築群，即宮城左前方爲祖廟（宗廟），右前方爲社稷壇；祖廟象徵宗法血緣，社稷以示國土，「普天之下，莫非王土」也。宮城外前方爲朝、後方爲市。朝在宮之前，君王面南，群臣北拜。貿市爲次，佔地又小，只應設於整個王城北部「卑位」。而那些居民閭里分佈於宮城外圍，與宮城保持一定距離，既不得闖入城之禁地，又要在位置上起到擁戴宮城的作用。王城的空間格局充分體現了貴賤尊卑的禮治秩序，「君子將營宮室，宗廟爲先，廄庫

4-1-1　中國古代城市佈局示意圖

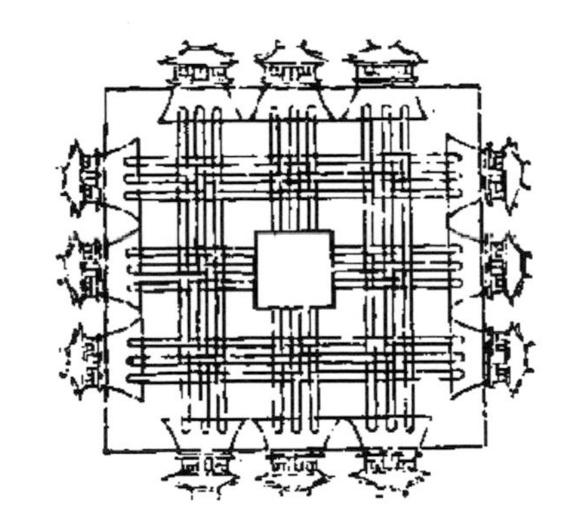

〔註5〕傅築夫，《中國經濟史論叢》〔M〕，上海：三聯書店，1980年，第154頁。

〔註6〕王國維，《王國維講國學·殷周制度論》〔M〕，吉林：吉林人民出版社，2009年，第265頁。

〔註7〕《周禮·考工記》。

爲次，居室爲後。凡家造，祭器爲先，犧賦爲次，養器爲後。」〔註8〕環城的道路寬度爲七輛車寬，通往周野的道路寬度爲五輛車寬；王宮城樓高五丈，王宮角樓高七丈，外城角樓高爲九丈。確定了王城的規模，就爲其他各等級的城市確立了參照糸，依次遞減。比如具體規定了「門阿之制，以爲都城之制。宮隅之制，以爲諸侯之城制。環塗以爲諸侯經塗，野塗以爲都經塗」〔註9〕。意思是說，都的城牆角樓只能做到五丈高，諸侯城的城牆角樓只能做到七丈高；諸侯城的城內南北大道只許爲七輛車寬，而都的城內南北大道只許爲五輛車寬。由此可見，周代各級城市的建設並不依據其具體的需要，比如防禦的重要性、交通的需要、人口規模等因素來建設，而是按照等級制度一刀切。再如《春秋典》中對城市的等級也做出了明確的規定：「（城）天子九里，公七里，侯五里，子男三里。」〔註10〕其它典籍中也有類似記載。這是整個城市的等級劃分，除此之此，在城市的平面上也劃分了等級。漢代劉熙《釋名・釋宮室》云：「城，蔡也，盛受國都也」〔註11〕城市是人類聚居地的擴大，然，隨著國家的產生，儒家的尊崇，政治、軍事功能的突顯，城市之中，不同的居住區也有不同的等級規定。

一般都城的平面劃分可分成四個層次，一、內城；二、外郭；三、郊；四、野。自商代起，都城便形成了這種內城外郭的「重城制」的分區模式。內城爲統治者所據，這裡是無上皇權的象徵。內城的主要部分是皇城和宮殿，如明清的「紫禁城」。（如圖：4-1-2 北京故宮）皇城位於最重要的位置，旁邊是貴族區，色彩鮮明，建築精美。然後圍著的是灰暗、低矮的平民區，充分烘托出帝王的尊貴地位。這體現了「築城以衛君，造郭以居民」〔註12〕的都城建設思想。

當然，有時由於城市人口與手工業經濟的逐步繁榮，使外郭區域擴充而在全城面積中的比例提高。最理想的模式，是皇城與宮城的位置居全城之中，在軍事意義上居中者最安全，最不易受到攻擊。但諸多皇城與宮城，實際上往往居整座城市的中部偏北，這是因爲城市的空間功能安排受中國庭院文化影響之故。

〔註8〕《禮記・曲禮下》。
〔註9〕《考工記・匠人》。
〔註10〕《春秋典》。
〔註11〕（東漢）劉熙《釋名・釋宮室》。
〔註12〕《吳越春秋》。

4-1-2　北京故宮

中國的傳統官式建築，如宮殿或官衙相當現在的中南海、省府，因此是中國傳統建築文化類型的主角，在選址上相當注重生態環境與交通性能且永遠處於整個城市最首要的位置。尤其是宮殿建築，它是中國傳統建築中的精華部分，是帝王地位、身份與威權的象徵，是國家、民族的政治、倫理的標竿。日本學者伊東忠太在《中國建築史》中指宮殿建築是「中國建築最大的特色」。〔註 13〕李允鉌在《華夏意匠》中亦認爲，「自古以來，中國的皇宮都不是一組孤立的建築群，它是連同整個首都的城市規劃而一起考慮的。在建築設計上，它所能達到的深遠與寬廣，它組織的複雜和嚴謹，至今爲止，世界上是沒有哪一類建築物能與之相比的」。〔註 14〕

簡而言之，從宏觀上來看，中國傳統建築在選址和整體的規劃佈局上深受傳統禮制思想的影響，並反過來成爲維護封建禮制的物質實體。作爲中國傳統建築中最具代表性的都城的選址和整體規劃佈局就是最好的說明。《管子・乘馬》中就說：「凡立國都，非於大山之下，必於廣川之上。高毋近旱而水用足。下毋近水而溝防省，因天材，就地利。」〔註 15〕講的就是要選擇生

〔註 13〕伊東忠太，《中國建築史》〔M〕，北京：中國建築工業出版社，2006 年，第 62 頁。

〔註 14〕李允鉌，《華夏意匠》〔M〕，北京：中國建築工業出版社，1985 年，第 93 頁。

〔註 15〕《諸子集成・管子》（第 5 卷），上海：上海書店，1986 年，第 13 頁。

態環境比較好的地方建城市。而中國傳統「天人合一」、「天人感應」思想的表現之一，就是找到了「天命」的代言人，作爲「天」與「人」合而爲一的橋梁，這就是所謂的「天子」。「天子」是國家和社會的中心，象徵「天子」和皇權的皇宮就是其所在城市的中心。中國都城以皇宮爲中心對稱佈局成了中國古代都城的基本模式，這種模式又影響到其他城市的規劃和建設，形成中國古代城市通常的中心對稱佈局模式。

4.1.2 中觀：建築住居空間規模、體量的等級和秩序化

中國封建社會實行宗法一體化的整合機制，君臣父子、家國同構，人治重於法制。「禮」是人們一切行爲的最高指導思想，禮制秩序不僅對君臣、臣民的尊卑關係有著嚴格的規定，而且對具有血緣關係的父子、兄弟、夫婦、長幼的人倫秩序也有明確的規定，因此根據禮制秩序所制定的規劃，營建制度對宅第、民居也同樣有著深刻的影響。

中國傳統建築平面佈局具有一種簡明的組織規律，最基本的建築單位就是以間爲單位構成單座建築，進而以庭院爲單元，組成各種形式的組群。就單體建築而言，普通的單座建築也因其服務對象的不同，按三綱五常的人際關係展開，相應大小、位置、裝飾均不同，使建築群體得以理想地體現政治秩序和倫理規範。主從區別明確，單一方向的秩序感得到強調。

就整體而言，重要建築大都採用均衡對稱的方式，以庭院爲單元，沿著縱軸線與橫軸線進行設計，借助於建築群體的有機組合和烘托，使主體建築顯得格外宏偉壯麗。空間層層遞進，庭院森森。這樣使各等級的住居有了共同準則和依據，表達相同禮制下的等級居住的內容，因此，它們之間是「同構」的，如四合院的空間結構與北京城同構。這種同構現象在不同地區的相同等級的住居之間也有體現。宅第中「前堂後室」的佈局、四合院「北屋爲尊，兩廂次之，倒座爲賓」的位置序列，也在很大程度上反映了這種禮制精神。如：《唐會要・輿服志》載：「又奏准營繕令，三品以上堂捨不得過五間九架，廳廈兩頭，門屋不得過五間五架。五品以上堂捨不得過五間七架，廳廈兩頭，門屋不得過三間兩架。勳官各依本品，六品七品以下堂舍，不得過三間五架，門屋不得過一間兩架……。又庶人所造堂舍，不得過三間四架，門屋一間兩架。」《宋史・輿服志》載：「庶人舍屋許五架，門一間兩廈而已。」《大清會典事例》載述：府第房屋規制「順治九年定親王府基高十尺，外周

圍牆，正門廣五間啓門三，正殿廣七間，前墀周圍石欄，左右翼樓各廣九間，後殿廣五間，寢室二重，各廣五間，後樓一重，上下各廣七間，後殿至樓左右均列廣廡，壓脊仙人以次凡七種，餘屋用五種……」，「十八年題准，公侯以下三品官以上房屋臺階高二尺，四品以下至士庶房屋臺階高一尺。」等等。王府都有這般的規矩，其他官員的府邸可想而知了。根據官職的高低，各朝各代對官員的居所也有不同的規定。比如唐朝的《營繕令》就規定，唐制僅宮殿可建有鴟尾的廡殿頂，用重藻井；五品以上官吏住宅正堂寬度不得超過五間，進深不得超過九架，可做成工字廳，建歇山頂，用懸魚、惹草等裝飾；六品以下官吏至平民的住宅正堂只能寬三間，深四至五架，只可用懸山屋頂，不准加裝飾。

傳統建築等級制度體現中國傳統倫理秩序的最好實例就是北京明清故宮。明清北京的城市佈局鮮明體現了封建社會都城以宮室爲主體的規劃思想，它以一條自南而北長達 7.5 公里的中軸線爲全城的骨幹，軸線的南端是外城的正南門永定門，北邊以鐘樓、鼓樓爲終點，宮殿和其他建築都沿著這條軸線排列著形成了氣勢磅礡的建築序列。然而從建築手法上仍然被嚴格限定在「禮」建築規範中，外朝的三大殿：太和殿、中和殿、保和殿的縱向排列承自「周制」宮殿的三朝制度，而前三殿和後三宮的乾清宮、交泰殿、坤寧宮的關係又體現了「前朝後寢」的禮制秩序，從宮城前門的太清門到太和門之間的五座門樓也附會「周制」的「五門制度」。宮城中心的三大殿，前後排列在一個巨大的，高 8.2 米的三層漢白玉臺基上，四周還建有別致的崇樓，而這三殿也有等級上的差別：太和殿爲皇帝大朝的地點，採用了我國古建築最高等級的重簷廡殿頂；中和殿是皇帝大朝前的準備用房，採用單簷攢尖的屋頂；最後的保和殿是皇帝宴請重臣或舉行朝政的場所，功用較中和殿重要，用了重簷歇山頂的形式。而內二宮和其它殿庭，顯然居於從屬地位，布置緊湊，密度也大，這樣就更加強了外朝的尊嚴。類似的等級秩序在故宮中隨處可見，除屋頂的形式，開間的多少。臺基的層數和高度，屋脊走獸的數目，室內裝修的繁簡，直至室外建築小品的陳設上，都可反映建築的等級秩序，而建築的等級秩序體現出了封建社會的倫理秩序。

北京故宮太和殿是中國現存等級最高的古建築。（如圖：4-1-3 北京故宮太和殿）中國文化的最高境界追求，是陰中有陽，陽中有陰，陰陽調和，看重的是一個「和」字。該殿所稱「太和」者，大和也。《周易》有「保合大

4-1-3　北京故宮太和殿

和」〔註16〕之謂，是宇宙、人生、生命的美好境界，殿名「太和」，就在追求這一境界。故宮建築群的三大重心一太和殿、保和殿、中和殿均以「和」命名，體現了統治者渴望以「和」爲貴、長「和」不衰的理想。作爲故宮的中心——太和殿的命名，更是寄託了強烈的統治意味。太和殿的「和」字，既能體現當權者的政治觀點，又能體現他們的美學觀點。從政治上看，所謂「太和」，乃是對君主制下所形成的一切秩序得意的自詡。它象徵著天朝秩序處於最原初、最高境界的「和諧」狀態，天經地義、神聖難犯。這是字面的象徵意義。作爲建築實體，太和殿的設計可謂名副其實。它不僅是故宮最高大、最宏偉的主體建築，而且位於北京城、紫禁城之中心，處於故宮對角線相交的焦點上，恰是一個「居要」而統領一切的「樞軸」。因此，它從名到實都意味著和諧和秩序，表現出統治者的絕對自信。中國文化時間型的特點不僅表現在其哲學觀念中，也表現在傳統建築文化形態中。在中國傳統建築文化中，作爲建築學基本特徵的空間性，也總是以時間型的特徵表現出來的。中國傳統建築的「中軸線」，是區別於西方傳統建築的一個重要特色。在傳統建築中，這種中軸線往往由道路、建築物、庭院或廣場等組成，大到建築物左右均布的對稱，小到主建築兩旁對列的廂房或配殿，常被用來突出中軸線的對稱，這種獨特的空間佈局方法，是如何轉化爲時間意識的呢？原來中國人一直認爲中國是世界的中心，這種觀念不僅表現在地理位置上，而且更多地表現於時間觀念上。

〔註16〕《周易》。

4.1.3 微觀：門及其它小品的規格等級與倫理內涵

大到城市、城區的規劃，中到建築物的設計，小到細節的雕琢，中國傳統建築都突顯了封建社會倫理禮制的等差。本小節主要從小品建築來進行分析，所謂小品即小而簡。小品建築也是相對大建築而言，主要是傳統建築中的牌樓、華表、香爐、影壁、須彌座、堆石等，而這種小品建築多數都是圍繞著門前後而設，因此，門制是本小節分析重點。

4.1.3.1 門制

《說文解字》釋：「門，……從二戶，象形」。一扇爲戶，兩扇相併就是門。門作爲登堂入室的出入口，其抽象含義豐富，獨特的中國傳統建築倫理文化，因「門」而益發獨特。如門下、門戶、門中、門等、門品、門風、門望……等，明顯地反映出中國儒家禮制倫理觀念。門是一族、一家人的表現，深刻地表明了中國人對門戶的重視。門的倫理文化在中國傳統倫理文化中居於十分重要的地位。我們可以從門的形式、門飾和門前的附屬物來作一簡要的分析。

首先是門的形式。門作爲建築物的重要構成部分，或單扇門扉、雙扇對門，或本身即是一座建築物，如門房、門樓。門是建築物的臉面，其形式多姿多樣，在這些形式多樣的門後面體現的是封建等級差別的倫理觀念。

（1）垂花門，是指門上簷柱不落地，而是懸於中柱穿枋上，柱上刻有花瓣聯（蓮）葉等華麗的木雕，以仰面蓮花和花簇頭爲多。垂花門是四合院中一道很講究的門，它是內宅與外宅（前院）的分界線和唯一通道。（如圖：4-1-4 北京四合院）前院與內院用垂花門和院牆相隔。前院，外人可以引到南房會客室，而內院則是自家人生活起居的地方，外人一般不得隨便出入，這條規定就連自家的男僕都必須執行。舊時人們常說的「大門不出，二門不邁」，「二門」即指此垂花門。因垂花門的位置在整座宅院的中軸線上，界分內外，建築華麗，所以，垂花門是全宅中最爲醒目的地方。垂花門整座建築占天不佔地，這是垂花門的特色之一，垂花門內有一很大的空間，從而也給家庭主婦與女親友的話別提供了極大的方便。一般垂花門都建在三層或五層的青石臺階上，垂花門的兩側則爲磨磚對縫精緻的磚牆，垂花門建在四合院的主軸線上，它與院中十字甬路、正房一樣，同在一條南北走向的主軸線上並最先展示在客人面前。進內宅後的抄手遊廊、十字甬路均以垂花門爲中軸而左右分開。

4-1-4 北京四合院

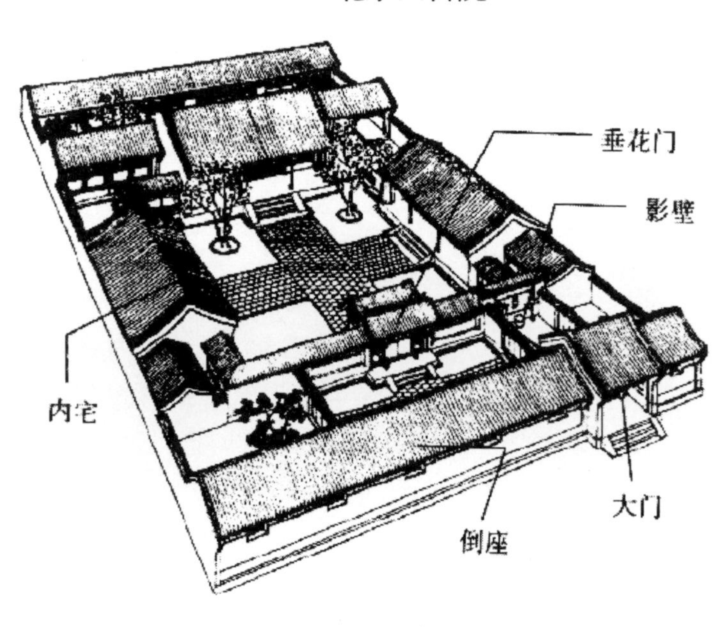

（2）如意門，北京四合院最普及的大門形式。它與其他屋宇式大門的主要區別在於它在前簷柱外用磚砌一堵牆。在牆上留出較窄的門洞口，門扇要小的多。考究的如意門在門楣之上大加裝飾，布滿精美的磚雕。磚雕的紋樣極豐富，最高級的有獅子繡球、九世同居、博古，中等的有榮華富貴，花草等。常見的做法是作成橋的望柱與杆板形式，花飾雕在柱與板上。也有的只做平素的望柱與欄板，兩端用抱鼓收頭。最樸素的如意門，只在門楣之上用瓦拼成錢紋等透空的花樣。這樣既可減輕過梁上的荷載，通風好，並且也算有了裝飾。這種門本身的構件仍屬一般木門做法，只是門扇要比前述幾種大門要小得多了。只有兩顆門簪，門口門枕石的外側多用「方門鐓」。這種門稱爲「如意門」有兩種說法，一種是說它門小了，開關方便靈活，安全嚴謹，因而稱心如意。另一種說法是因爲支撐門過梁的構件——由牆上挑出的兩個腿子的頭部，作成「如意」形式而得名。如意門的門道整個封在大門門限之內，山牆上有完整的「五花象眼」。在五花象眼內有一種鏤花的裝飾手法，是北京特有的一種建築裝飾。

（3）牌樓、華表、影壁。牌樓是一種有柱子像門形的建築物，一般比較高大。舊時多見於路口或要道，以爲裝飾。牌樓有木牌樓、石牌樓、琉璃牌樓、木石混合、木磚混合幾種。牌樓是北京古城的獨特景觀，又是中國特有的建築藝術和文化載體。華表是古代宮殿、陵墓等大型建築物前面作裝飾用的巨大石柱，是中國一種傳統的建築形式。華表放在宮殿、陵墓外的道路兩旁，也稱爲神道柱，石望柱，表，標，碣。華表一般由底座、蟠龍柱、承露盤和其上的蹲獸組成。柱身多雕刻龍鳳等圖案，上部橫插著雕花的石板。華表是一種標誌性建築，已經成爲中國的象徵之一。影壁是設立在一組建築群大門裏面或外面的一堵牆壁，它面對著大門，起著屏障的作用。不論是大門裏面或外面的影壁都與進出大門的人打照面，所以影壁又稱照壁。

其次是門飾。門飾指「門臉」和「門面」，被賦予了濃厚的政治、文化和倫理色彩，在唐代以前只有官府和廟宇才享有「門飾」，平民百姓中的宅門是沒有裝飾的。宋以後，民居才允許有門飾，仍有用制規定。

（1）門色。中國傳統建築中門的顏色往往與服飾是相近的，色有等級之分，體現不同的身份、地位和官職等的區別。大門漆朱色只有宮門，《漢舊儀》說：「聽事閣曰黃閣，不敢洞開朱門，以別於人主，故以黃塗之，謂之黃閣」。丞相官署不漆朱紅，以區別於天子。朱漆大門，曾是至尊至貴的標誌，不能濫用，朱戶被納入「九錫」〔註 17〕之列。九錫之物，要等待天子賜給，不一定是諸侯或大臣置辦不起，而是禮遇。比如朱戶，只要天子有此禮遇，恩准可以漆上朱紅色，也就是「賜」了，受此禮遇者完全有能力自己操辦，來壯自家的門戶。朱戶的賜予，是一種高規格的待遇。其次，黃色之門。唐代用「黃閣」指宰相府，用「黃閣」借指宰相。朱紅與明黃，依後世之制而言，「人主宜黃，人臣宜朱」，清代《茶香室叢抄》講到這一情況，所謂「古今異宜，不可一概」。明代初年，朱元璋申明官民第宅之制，對於大門的漆色，也有明確的規定，《明會典》載：洪武二十六年規定，公侯門用金漆，一品二品官員門用綠油；三品至五品門用黑油；六品至九品黑門。社會地位越低，其門或黑或無色。山西祁縣喬家大院的規模氣勢不凡，然而大門黑漆，因爲它是民居。在東北一些地方，宅院的黑漆大門被稱爲「黑大門」。別看漆黑一片，雖未描繪圖案，卻如同貼了五彩門神畫——那是「黑煞神」的象徵。民間將「黑大門」說成是「黑煞神」，並傳說「黑煞神」當門，邪氣難侵入。門色成了門神。

〔註 17〕所謂九錫，是指天子對於諸侯、大臣的最高禮遇，即賜給九種器物。一錫車馬，再錫衣服，三錫虎賁，四錫樂器，五錫納陛，六錫朱户，七錫弓矢，八錫鐵鉞，九錫（禾巨），謂之九錫。

（2）門簪。古人打扮宅院的門臉，也用「簪」——大門上檻突凸的門簪。門簪是將安裝門扇上軸所用連楹固定在上檻的構件。這種大門上方的出頭，略似婦女頭上的髮簪，少則兩枚，通常四枚，或多至數枚，具有裝飾效果，成為舊時大門的常見構件。以至許多民居大門上門簪的設置，只為美觀，並無結構功用。

（3）鋪首。門扇上安裝拉手，便於開門關門。金屬門外可充此用，且是一種裝飾，叩環有聲。主要具有實用價值的門環，又往往配以裝飾性的底座，即鋪首——含有驅邪意義的傳統門飾。《漢書・哀帝紀》「孝元廟殿門銅龜蛇鋪首鳴」，唐代顏師古注：「門之鋪首，所以銜環者也。」鋪首以威嚴斥諸視覺。在這一門飾形式裏，包含著豐富的文化內容。它是當門的辟邪物，如清代《字沽》所說：「門戶鋪首，以鋼為獸面御環著於門上，所以御不祥，亦守御之義。」（如圖：4-1-5 北京天壇的宮門的鋪首與門釘）

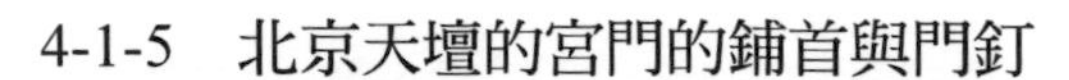
4-1-5　北京天壇的宮門的鋪首與門釘

（4）門釘。門釘本是出自木板門的工藝需要，但是到後來，門釘的裝飾性意義似乎更為重要了。門釘數量有講究。皇宮城門上的門釘，每扇門九排，一排九個，一共九九八十一個。王府的門釘是七九六十三個；公侯，四十九個；官員，二十五個……平民百姓家的門無門釘。門釘數目體現著等級觀念。清代規定，宮殿可用九路門釘，飾九九八十一顆釘，因為「九」是最大的陽數，親王府用七路，世子府用五路，如此遞減。

再次是門前附設物。一是門檻。「門檻」和「門坎」通用。檻橫伏於門口，邁進去，退出來，最容易使人聯想到界線，裏外的、區域的界。二是門和銷。合上一對門扇，加上一橫木，這就是門閂。「善數，不用籌策；善閉，無關鍵而不可開」〔註 18〕。關、鍵的功用是閉門不開。《說文》：「關，以木橫持門戶也。」鍵，是豎插的門栓。三是簾、影壁。一種禮制設置。天子外屏、諸侯內屏、卿大夫以簾之說。天子和諸侯雖然都能建照壁，但建在門外

〔註 18〕《道德經・第二十七章》。

還是門內，有講究，以示區別。至於卿大夫，要遮掩用簾子。這種設置起到增加私密性的作用，「高門縣薄，無不走」〔註 19〕。縣即懸，懸薄意掛著簾子，隔著門限進出需通告，這是簾禁制度。四是泰山石敢當。第宅大門口立的小石碑，鐫字「石敢當」、「泰山石敢當」，或將石嵌砌牆體，鎮鬼厭災。民間以石敢當為辟除不祥的神，如明代《姓源珠璣》所說，「必以石刻其志，書其姓字，以捍民居」。承載著門戶平安的企望，禁鬼絕惡，鎮守門前。五是抱鼓石。（如圖：4-1-6 抱鼓石）門墩，門檻兩端承託大門轉軸的石墩或木墩。通常為石質。其傍於大門門框側下，如枕，所以又叫門枕石，或稱砷石。抱鼓石即是對門枕石大事雕飾的產物。「枕」本是主要部分，為了雕飾，門枕石的附加部分被強調，「鼓」部很高，用料用工遠超過「枕」部。門前一對抱鼓石，立的是功名標誌。在講封建等級的年代，無功名者門前是不可立「鼓」的。倘若要裝點門臉，顯示富有，也可以把門枕石起得像抱鼓石那樣高，但只是傍於門前的裝飾性部分要取方形，區別於「鼓」，再高仍稱「墩」。六是將軍石。兩扇大門合縫處的下端埋塊石墩，用來固定關合的門扇。這石有個響亮的名字，叫將軍石。《禮記・曲禮》有「大夫士出入君門，由闑右」的說法。門極分出了左右，由哪一邊入門，也被納入區別尊卑的禮儀。七是石獅。（如圖：4-1-7 石獅）守大門的石獅，通常雕雄獅居左，雌獅居右。雄獅的右爪下雕繡球，所謂「獅子滾繡球」，玩耍於掌握之中，那球是權力的象徵；雌獅左爪下雕幼獅，叫做「太師少師」，意思是子嗣昌盛，世代高官。門前雕

4-1-6　抱鼓石

4-1-7　石獅

〔註 19〕《莊子・達生》。

獅，不論左右，獅頭均似雄獅狀。頭上毛髮卷做疙瘩，稱爲「螺髻」。「螺髻」的數量也有區別：「一品官員府第門的石獅頭上可以有十三個疙瘩，稱爲『十三太保』。一品之下，每低一級，獅頭疙瘩要減少一個。七品以下，門前擺石獅即爲僭越了。石獅頭上的『螺髻』，也是大門之前陳列著的等級的標誌。民宅門口通常不擺這種石獅。山西祁縣的喬家大院，爲了顯示富有，起樓高高，門道爲城門洞式。然而，卻非顯貴，大門前沒有官府人家常見的旗杆和石獅。」〔註20〕八是上馬石（拴馬樁）。大門前設上馬石，既有實用性，又具裝飾性——顯示氣派的門前點綴。九是行馬（擋眾）。在門前，提示限止通行或下轎下馬的設置，有石的、木的、鐵的。石刻的，是下馬碑，立在那裡，告訴文官至此落轎，武官到此下馬。行馬也是宮禁的界線，而且，還被引申爲這一群人與那一群人的分界線了。十是「門海」和「元寶石」。北京故宮裏有一些鎏金大銅缸，是當年用來儲水的消防缸。這種缸被稱爲「門海」，意思是門前大海。門階前簷下置元寶石。俗話說「百年簷水滴舊窩」。常言又道：「滴水穿石。」雨水由簷下，那作用力，日積月累，以專注的韌性，在地面敲打出凹窩。門前的元寶石是用來承接簷水的。做成元寶狀，凹面迎水，既有實用價值，又具有裝飾趣味。

4.2 中國傳統建築結構之禮

《詩經》云：「普天之下，莫非王土」〔註21〕，封建統治者自稱「天子」，自我意識非常強，這種無上至尊的權威需要一種象徵，這象徵需要一種載體，最好的載體莫過於建築，包括他們的宮殿和陵寢。「天子以四海爲家，非壯麗無以重威」〔註22〕，宏偉壯觀的宮殿、陵墓只有與低矮、灰暗的民居形成巨大的反差，才能鮮明地襯托出權威。因此，中國傳統建築的式樣和裝修，對各個構件都有明確詳細的規定，體現出了嚴格的社會等級秩序。

4.2.1 形制：威儀空間的塑造

在中國大多數統治者完成大統一後，爲了鞏固自己的統治，突出皇權的威嚴，滿足精神生活和物質生活的享受，會在全國大興土木，建造規模巨大、

〔註20〕高林生，《金鑾殿前話雙獅》〔J〕，《文史知識》，1987年第9期。
〔註21〕《詩經》。
〔註22〕《史記・蕭何》。

氣勢雄偉的建築物，這些建築大都金碧輝煌、巍峨壯觀，給人一種強有力的視覺衝擊，同時，在建築中也注入了等級的差別，無時無刻不在強調每個人的名分、等級，無論是宮殿還是陵寢。特別是中國的宮殿建築十分注重渲染建築宏偉壯麗的氣勢。集權政體的最高統治者都想通過建築藝術來顯示帝國的實力和威嚴，來象徵王權的至尊和永恒。

唐代駱賓王有詩「未睹皇居壯，安知天子尊」，漢唐時代的宮殿建築，尺度比較巨大，這與漢初蕭何主張天子的建築「非壯麗無以重威」有關，宋代以後，皇宮建築體量漸小，《營造法式》中說這是恢復了大禹時代「卑宮室」的好作風，「菲食卑宮，淳風斯復」〔註23〕。到了明清時期，宮殿建築已經定格在一個比較適宜的尺度範圍。

在建築尺度的把握上，中國人深受風水思想的影響，以「千尺爲勢，百尺爲形」爲原則。「千尺爲勢，百尺爲形」的規定是外部空間尺度的權衡基準，是有關人的行爲和知覺心理規律的經驗性「外部空間模數」。按照這個模數，單體建築設計的視覺形象應在 30 米（即百尺）左右最佳；群體形象的輪廓起伏的視覺效果應在 300 米（千尺）左右爲宜。超出這一尺度，單體建築會顯得過於逼人、建築群體會過於鋪張、有失散亂。對於形與勢的關係，古代還提出「以形造勢」和「以勢制形」，以合理地安排兩者的互動關係。《管氏地理指蒙》指出：「遠爲勢，近爲形；勢言其大者，形言其小者」〔註 24〕、「勢居乎粗，形在乎細」〔註25〕、「勢可遠觀，形可近察」、「形即在勢之內，勢即在形之中」等，概括了勢和形的關係。

以北京故宮建築爲例，太和殿地位最高，連同三層臺基在內全高 35.05 米，符合百尺的限度。故宮所有單體建築的高度均在太和殿以下，唯一例外的是午門。午門是紫禁城的正門，是征伐凱旋獻俘的地方，需要具有強烈的鎮壓威懾形象，因此它的高度達到 37.95 米。太和殿平面尺寸也是最大的，通進深爲 33.33 米，其餘各單體建築進深均在此限之下。紫禁城的建築大部分通面闊均以「百尺爲形」加以控制。只有在中軸線上的午門、太和門、太和殿以及神武門和橫軸線上的東華門、西華門、體仁閣、弘義閣等爲了體現「居中爲尊」，其通面闊超過百尺之度。這是由於這些建築處在主軸線上，其通面

〔註23〕《營造法式》。

〔註24〕《管氏地理指蒙》。

〔註25〕《管氏地理指蒙》。

闊則都是按軸線兩側各控制在百尺之內的，如午門正樓通面闊爲 2×30 米，太和殿爲 2×30 米，體仁閣、弘義閣即爲 2×23 米，等等。對於近觀視距的控制，紫禁城中如東、西六宮的絕大多數內庭院，通面闊和通進深都在 35 米限內。在紫禁城就連最爲顯赫的三大殿，自其三臺迤南而至北端，自東而西，進深和面闊逐段劃分，也均在此限之下。對於遠觀視距的構成，除東華門、西華門距離過大爲僅有特例外，其餘所有廣場、街巷、相鄰建築的間距以及城臺、城牆各段落之長，最大的也都在 350 米左右，以「千尺爲勢」作限定。因此，根據「勢」和「形」的相互協調關係，紫禁城取得了一系列最佳觀賞視角及空間感，保證了近觀、遠觀以及移行其間在「形」與「勢」的時空轉換中獲得最佳的視覺效果。中國帝王一向強調厚葬，但帝王墓葬的形制和規模也沒有超過宮殿的，可見即使是帝王的建築總體上也都是控制在一定限度以內的。

正如李允鉌所說:「陰陽五行之說中的象徵主義，例如五行的意義、象德、四靈、四季、方向、顏色等很早就反映到建築中來。這些東西在建築設計中運用，不但是在藝術上希望取得與自然結合的『宇宙的圖案』，最基本的目的在於按照五行的『氣運』之說來制定建築的形制。因爲在秦漢時候的人十分相信『氣運圖讖』——觀運候氣的觀點而作出的預言，因而建築上的形、位、彩色和圖案都要與之相配合，以求使用者藉此而交上了好運」〔註 26〕。

4.2.1.1 屋頂

在中國傳統建築中屋頂的形式不但顯示了丰姿神韻，而且也體現了它的森嚴等級，展示它的威儀。《詩經》讚美周宣王的宮室「如鳥斯革，如翬斯飛」〔註 27〕，姚鼐《登泰山記》說:「有亭翼然」，都是讚美大屋頂的輕盈飛升之感。林語堂說，中國人「在一切房屋之上安裝屋頂，不允許它們像現代混凝土房頂那樣不知羞恥地裸露著自身，並且一刻不停地瞅著天空」〔註 28〕。

中國傳統建築的屋頂等級由高至低依次是：廡殿、歇山、懸山、硬山，重簷級別高於單簷。廡殿頂四面斜坡，有一條正脊和四條斜脊，屋面稍有弧度，又稱四阿頂，是「四出水」的五脊四坡式，又叫五脊殿。(如圖：4-2-1 廡

〔註 26〕李允鉌，《華夏意匠》〔M〕，香港：香港廣角鏡出版社，1982 年，第 41 頁。
〔註 27〕《詩經・小雅・斯干》。
〔註 28〕林語堂，《中國人》〔M〕，上海：學林出版社，1994 年，第 311 頁。

4-2-1　廡殿頂墨線

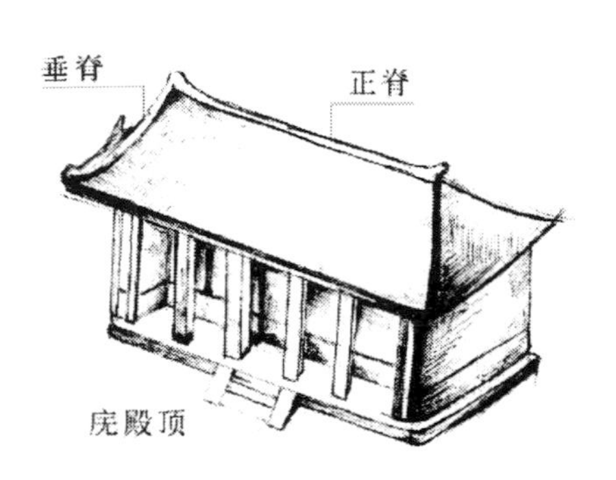

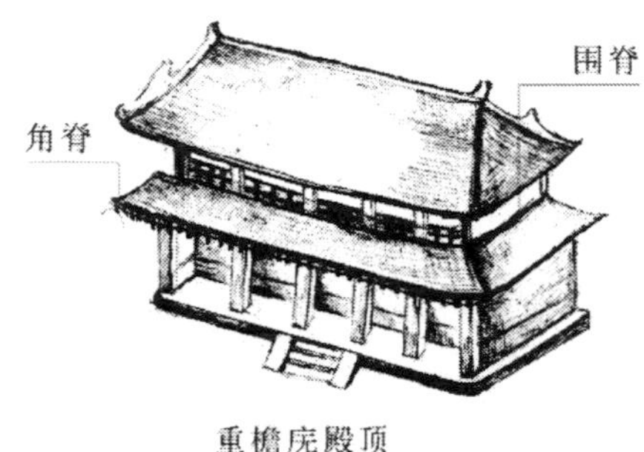

殿頂墨線圖）重簷廡殿頂構成的殿宇平面呈矩形，面寬大於進深，前後兩坡相交處是正脊，左右兩坡有四條垂脊，分別交於正脊的一端。重簷廡殿頂，是在廡殿頂之下，又有短簷，四角各有一條短垂脊，共九脊。

屋頂形式。最高等級的屋頂是重簷廡殿頂。這種屋頂的前後左右都是斜坡，俗稱四大坡。由於四條斜脊上交於正脊兩端，共五脊，亦叫五脊殿。它形式莊重雄偉，只用於皇宮或寺觀的主殿，如故宮太和殿和泰安岱廟天貺殿等。（如圖：4-2-2 泰安岱廟天貺殿）單簷廡殿頂則多用於禮儀盛典及宗教建築的偏殿或門堂等處，以示莊嚴肅穆，北京天壇中的祈年門、皇乾殿及齋宮等都採用這類屋頂。

4-2-2　泰安岱廟天貺殿

第二等爲重簷歇山頂。歇山頂亦叫九脊殿。「歇山」是清式叫法，它與廡殿頂不同的是，在左右兩坡上部削去兩塊轉折成垂直的三角牆面，形成一條正脊、四條垂脊、四條斜脊，故又名九脊殿，外觀莊重而華美。重簷歇山頂等級僅次於重簷廡殿頂，多在一些規格很高的殿閣中使用，曲阜孔廟大成殿、北京故宮中的保和殿、乾清宮、天安門、鐘樓、鼓樓等重要建築都是。一般的歇山頂應用非常廣泛，但凡宮中其他諸建築，以及祠廟壇社、寺觀衙署等官家、公眾殿堂等都襲用歇山屋頂。除正脊、垂脊外，還有四條戧脊。正脊的前後兩坡是整坡，左右兩坡是半坡。重簷歇山頂的第二簷與廡殿頂的第二簷基本相同。在等級上僅次於重簷廡殿頂。

第三是懸山頂。（如圖：4-2-3 懸山頂）前後兩坡，左右兩側懸挑伸出山牆之外。

4-2-3　懸山頂

第四是硬山頂，前後兩坡兩端山牆與屋頂平直。（如圖：4-2-4 硬山頂馬頭牆）懸山頂和硬頂形式簡單而樸素，多用於宮殿寺廟中附屬建築和民間建築。

第五是攢尖頂，只用於面積不大的亭、閣、樓、塔等。（如圖：4-2-5 日本法起寺三重塔的攢尖頂）平面有方、圓、三角、四角、五角、六角、八角、十二角等，多爲單簷，雙簷或三重簷（如北京天壇祈年殿）的建築也有。特點是屋頂較陡，無正脊，數條垂脊交合於頂部，上覆寶頂。

4-2-4　硬山頂馬頭牆

4-2-5　日本法起寺三重塔的攢尖頂

第六是盝頂，四角或八角，頂部是在平頂的屋頂四周加一圈外簷。

第七是卷棚頂，雙坡屋頂，特點是兩坡相交處呈弧形曲面，無正脊。這種形式常和歇山、懸山、硬山等屋頂合用，以歇山卷棚頂等級爲高，多在皇家之離宮御苑中採用。其他懸山、硬山卷棚屋頂多在一些官員府第、民宅及私家園林中常見。

傳統建築的屋頂不僅形式豐富，而且屋頂曲線也頗有觀賞價值。爲了美觀和實用，大屋頂都做成曲面，屋檐處到四個角都微微向上翹起，形成一個特殊彎曲的輪廓，既無比優美動人，又可迅速排掉雨水和保證室內採光。北方因降水少建築曲線較爲平緩，建築物顯得穩重。南方由於降水較多，建築曲線較爲陡峭，屋角上翹很高，建築物顯得秀麗輕巧。

屋頂裝飾。（如圖：4-2-6 歷代屋吻獸線描圖）中國屋頂的很大一部分魅力來自於其獨特的裝飾體系。這種裝飾體系的題材直接來自於中國傳統的倫理觀念中的吉祥物，以動物題材爲主，也有些植物花紋和文字等。

在屋角處常有一排前後排列成縱隊的人物和動物形象的裝飾物，俗稱仙人走獸。從前往後依次爲仙人、龍、鳳、獅、天馬、海馬、狻猊、押魚、獬豸、斗牛和行什。仙人走獸是從瓦釘蓋帽演化而來的。爲了固定屋面上的蓋瓦，必須用瓦釘將蓋瓦釘在泥灰當中。爲了防止瓦釘銹蝕及雨水滲透，還需要在瓦釘之上再用陶製的釘帽扣住。釘帽這樣的小構件，在中國傳統建築當中同樣沒有被忽略。工匠們將其精心構思而設計成富有活力和感情的小人小獸，表現出古代勞動人民的藝術熱情和豐富想像力。仙人走獸的數量也很講究，一般除了前面的仙人之外，後面的走獸必須用單數，隱喻著天、陽性等

4-2-6　歷代屋吻獸線描

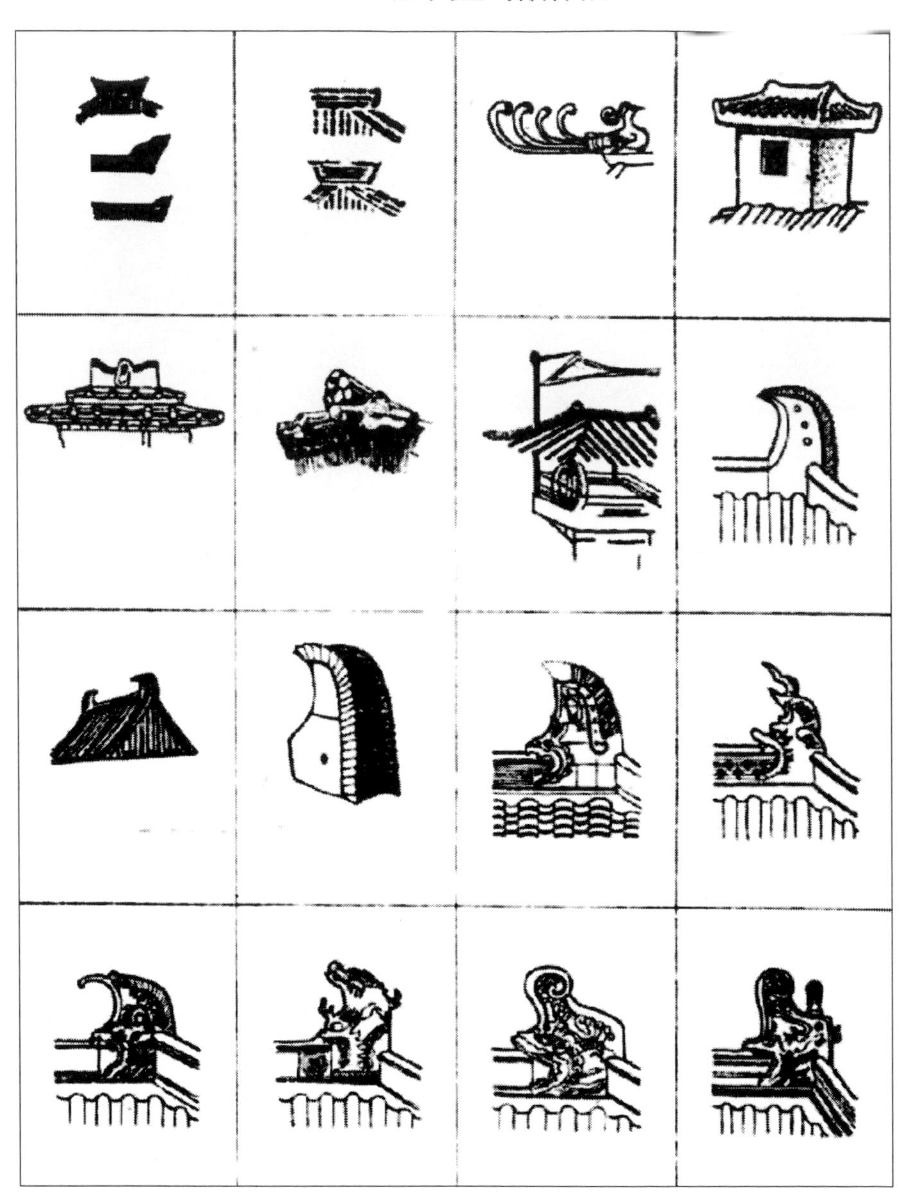

概念。另外，與屋頂形式一樣，仙人走獸數量的採用必須符合封建等級規定。（如圖：4-2-7 清景陵皇貴妃園寢宮門屋頂）一般老百姓的住屋是絕對不許使用仙人走獸的。富貴人家、官府、宗教建築等一般只用三獸或五獸，而皇家建築可用七獸、九獸，在極特殊的建築上也有使用十獸的例子，如北京故宮太和殿就用了從龍開始，至行什共十獸。

4-2-7　清景陵皇貴妃園寢宮門屋頂的脊獸

4.2.1.2 殿式

殿式是宮殿的樣式，爲帝王后妃起居之處，無疑是最高等級。佛教建築中的大殿（大雄寶殿）、道教中的三清殿等也屬此類。殿式建築的特點是宏偉華麗，瓦飾、建築色彩和繪畫都有專門意味。如採用黃琉璃瓦，重榴廡殿式屋頂，朱漆大門，彩繪龍鳳圖案等則是帝王之所。除殿式外，還有大式和小式。大式比殿式級別低，但又有別於民間普通建築。它是各級官員和富商豪紳的宅第。該類建築不用琉璃瓦，斗拱彩飾也有嚴格規定。小式則爲普通百姓的住房規格。

與殿式密切相關的是代表著不同等級身份和倫理秩序的基座。其中，最高級基座是由幾層帶玉石欄的須彌座疊在一起，使得建築物更顯高大、雄偉。該類建築僅限於皇宮中最高級的建築和一些寺廟的最高級殿堂中，如北京故宮太和殿，曲阜太廟的大成殿等。而故宮三大殿基座高達 25 市尺左右。較高級基座，即通常稱的須彌座，原是佛像的底座。佛教傳入中國後，這種建築樣式也被中國納入，以顯示使用者的高貴地位與級別。這種基座上也有漢白玉石欄杆，常用於較高級宮殿和高級的寺觀殿堂上。高級基座座壁帶有壁柱，基座上帶有漢白玉石欄杆。它多用於宮殿建築兩廡的次要建築中。一般基座座壁平整且直，多用於大式與小式建築中。據《大清會典》：公侯以下、三品官以上的房屋臺基準高二尺，四品官以下到士民的房屋臺基高一尺。就普通而言，中國古代建築的基座，以索土或灰土或碎磚三合土夯築而成，其四周包有一層用磚石壘砌的座壁。除了顯示等級外，基座的最普遍功能則是爲了保護建築物，因爲古代木結構建築極普遍。

此外，在臺基方面，須彌座爲尊，方形臺基等級較低；三重臺基地位尊貴，單層臺基地位較低。皇帝的大朝建築等級最高，因此會使用三重須彌座式石質臺基、重簷廡殿式屋頂、面闊和進深爲「九五」之數、門釘九行九列、飛簷使用跑獸九隻等，如明代北京紫禁城的奉天殿（清代改稱太和殿）、太廟正殿、長陵棱恩殿等都是這種形制。清代重修時將太和殿和太廟正殿的面闊均擴大爲十一開間，太和殿的飛簷跑獸更增加到十隻，這是皇帝親自授意的越制，從而突出了這兩座建築的至尊地位。

古代都城規劃中，政治需要、禮制秩序是第一位的，而功能位於第二。因此建築群體佈局中，常常運用數的陽與陰，大與小的禮制法則爲建築規定了極爲嚴格的禮制規範，使都城建築群體到單體，從建築高度到平面寬度，從造型色彩到室內外的鋪陳設置，都賦予了秩序感，形成具有規劃理性、尊卑有序、具有韻律美的統一秩序。

4.2.1.3 斗拱

斗栱是中國木結構建築中的關鍵部件，其作用是在柱子上伸出懸臂梁承托出簷部分的重量。（如圖 4-2-8 所示）斗拱在中國古建築中起著十分重要的作用，主要有三個方面：一、它位於柱與梁之間，由屋面和上層構架傳下來

4-2-8　中國最早的木構建築南禪寺雄大疏朗的斗拱

的荷載，要通過斗拱傳給柱子，再由柱傳到基礎，起著承上啓下、傳遞荷載的作用。二、它向外出挑，可把最外層的桁檀挑出一定距離，使建築物出簷更加深遠，造形更加優美、壯觀。三、它構造精巧，造形美觀，如盆景，似花籃，又是很好的裝飾性構件。

斗拱是中國傳統建築特有的建築構件，其組合的繁簡程度也是區分中國傳統建築等級的突出標誌。自宋代起，斗拱以「材」爲單位，其大小體現建築等級，據宋代李誡《營造法式》記：「凡構屋之制，皆以材爲祖，材分八等，度屋之大小，因而用之。」《營造法式》是一部宋代官方制定的設計、施工、用料規範。不同規模、不同等級的建築，選用不同等級的「材」。等級高的建築，選用斷面大的「材」，反之亦然。這樣，技術、藝術和倫理秩序均通過「材」得到統一。

中國木結構體系歷來採用構架制的結構原理：以四根立柱，上加橫梁、豎枋而構成「間」，一般建築由奇數間構成，如 3，5，7，9 間。開間越多，等級越高，紫禁城太和殿爲 11 開間，是現存最高等級的木構古建築。立面上劃分三個部分：臺基、屋身、屋頂。其中官式建築屋頂體型碩大、出挑深遠是建築造型中最重要的部分。

梁柱組合的木構框架從上古一直沿用到清代末期，這也是我國建築文化系統穩定與守成的最有說服力的例子。事實上，對於木材易腐爛，不堅固，又容易引起火災等弊端，古人早有認識，而且隨著工具的改進，我國古代的石結構建築技術也並不亞於同期的西方國家。但是當古埃及、古希臘的重要建築都逐漸以石材代替木材時，這種替代卻沒有在中國古建築中發生。因爲中國之所以習用木材是緣於陰陽五行的傳統觀念，而傳統是不好隨便更改的，所以到了明清時期，長期的採伐使中原地區的森林消耗殆盡，連修繕宮廷也缺乏可作柱、楝的大料，這時寧可將小料用鐵箍拼合，也不屑以石代木，體現出對木材的無比深情以及對傳統的嚴格恪守。

4.2.2 材制：道德權威的塑造

自宋迄清，大木作造作各種構件用工都規定有詳細的定額。北宋編撰《營造法式》，以規定用工用料，《營造法式》使用「材分制」爲建築提供設計的基本模數，「材有八等，度屋之大小，因而用之」〔註 29〕，材的高寬比爲三比

〔註 29〕《營造法式・大木作》。

二，規定了模數的秩序。從而規定了不同規模不同等級的建築，就用不同等級上的「材」，等級高的建築，就選用斷面大的「材」。在組群建築規劃佈局中，先依據禮制選定主要殿堂的用材等級，以此爲準，再依次確定前後左右殿堂，以及挾屋門廊的用材等級，一個規劃嚴謹、等級分明、錯落有致而和諧統一的建築群體就規劃出來了。一等材只可用於比如太和殿等顯貴的建築，這種建築面闊爲九至十一間；二等材只可用於面闊爲五至七間的建築；三等材用於三至五間的建築；四等材用於殿身三間與廳堂五間的建築；五等材用於小三間殿身或大三間廳堂的建築；六等材用於亭榭或小亭堂；七等材用於小殿之類；八等材只能出現於殿內藻井或小榭之類的建築上。這簡直就是土木寫就的政治倫理。

自宋迄清，大木作用料均以松木爲主。宋代木料共有六種規格。圓料兩種：「樸柱」長 30 尺，徑 3.5～2.5 尺；「松柱」長 28～23 尺，徑 2～1.5 尺。方料四種：「大料模方」長 80～60 尺，廣 3.5～2.5 尺，厚 2.5～2 尺；「廣厚方」長 60～50 尺，廣 3～2 尺，厚 2～1.8 尺；「長方」長 40～30 尺，廣 2～1.5 尺，厚 1.5～1.2 尺；「松方」長 28～23 尺，廣 2～1.4 尺，厚 1.2～0.9 尺。又將各種較小原木，加工解割成長 25～12 尺，廣 1.3～0.5 尺，厚 0.9～0.4 尺等八種規格的方料，以備選用。所以宋代在大木作之外另有鋸作。清代木料缺乏，方木只有一種，稱「墩木」，長 1 丈左右，高厚 1 尺左右。使用時須計算其價格，如價格超過用圓料解割，仍須用圓料解割。因此大木用料幾乎全按構件尺寸，折算成一定直徑的圓料，據以發料，在造作時隨時鋸解，故清代鋸作包括在大木作之內。宋代鋸作實際是規定用料原則，主要是：「務在就材充用，勿令將可以充長大用者，截割成細小名件」；「斜尖名件，應顛倒交斜解割」，「兩就長用」；鋸下的餘料應盡量利用，或鋸成板料。鋸作用工，以面積計每一工：周、檀、櫪木 50 尺（平方尺），榆、槐木 55 尺，白松木 70 尺，苒柏木 75 尺，餘、黃松、水松、黃心木 80 尺，杉桐木 100 尺。如料長 2 丈以上，用工加 10%。

此外，雖然石材比木材使用年限長久、防火防蛀等其他性能更加優越，但中國古人卻一直有萬物皆有輪迴，不可強求物之長存的觀念。梁思成先生曾言：「蓋中國自始未有如古埃及刻意追求永久不滅之工程，欲以人工與自然物體競久存之實，且既安於新陳代謝之理，以自然生滅爲定律；視建築且如被服與馬，時得而更換之；未嘗原物之久暫，無使之永不殘破之野心，如失愼焚毀亦視爲災異天譴，非材料工程之過也。」正是這種安於天命的心態，才使得中國幾千年來，發展出一套獨特的木結構體系，而把原本更適合作爲建築用材的磚以一種配角的身份予以使用。中國石材用於建築中也是多種多樣，如磚、瓦當、漢白玉等。現以磚爲例。磚的原料一般選用田中較爲優質的黏土。磚作爲例外占主體使用的是在墓室和佛塔中，中國古代對於先人尊重，是不容置疑的。中國古代社會，是以家族倫理觀念爲核心的，是一種家族式的社會，對祖先的崇拜，甚而超過了對神鬼的敬畏之心：中國人把屋宅中最顯赫的位置——廳堂用於供奉祖先的牌位，自然地，也願意祖先的「陰宅」能夠永世之長存，以庇祐子孫萬代。這樣，耐久性能更爲優越的磚材，就被用於墳墓工程。或許，生不能長久，死後但求永世流芳的思想，也是中國人如此使用磚材之理由。再者，在防水、防腐蝕方面，木材等確實不及磚。至於佛塔，亦應是出於類似的動機，且佛塔屬於「舶來品」，故其形式和用材等方面與發源地應該有一定的「血緣關係」，在不明白其所以然的情況下，首先必然是簡單的模仿和照搬。

所以，中國傳統建築中材制等級的嚴格區分以及在使用上的嚴格限制，無不體現出封建社會的倫理等級秩序，折射出封建統治階級以犧牲人民大眾的自由、人格和尊嚴而換來的道德權威。

4.2.3 數制：等級差別的塑造

「數」，在中國封建社會是有特殊含義的，並形成獨一無二的數理哲學，中國之數與社會秩序、政治需求以及儒家的倫理道德相結合，構成了數的禮制秩序。中國的數有一定的含義，「參伍以變，錯綜其數；通其變，遂成天地之文；極其數，遂定天下之象」〔註 30〕。數有變化的規律，稱爲數理，即數字和命理的結合。中國古代之數以蓍草之數〔註 31〕來說明事物現象的生成變化。數起源於易，稱易數。從易數來講，易學中的象數，有著極爲豐富的哲學內涵。它作爲一種隱喻、象徵的工具和手段，在中國傳統建築，尤其在宮廷建築中有著廣泛的應用與體現。傳統建築規劃中常借用數的哲學、象徵意義及禮樂精神來表達社會秩序的禮制要求、倫理政治的統治目標以及對宇宙

〔註 30〕《周易·繫辭上傳》。

〔註 31〕《繫辭》云：「大衍之數五十，其用四十有九；分而爲二，以象兩，掛一以象三，揲之以四，以象四時，歸奇於扐，以象閏，五歲再閏，故再扐而後掛」，此即是蓍草之占卜法。

和諧的嚮往，從而使中國古代都城空間意象顯示出成熟規劃理性和始終如一的人文精神。易數與中國傳統建築文化之關係是多方面，這裡僅就若干易數在傳統建築物上的象徵性符號加以初步的分析。

4.2.3.1 數的陰陽之義

中國之數有陰陽之意，這來源於中國陰陽太極的宇宙發生論，根據《易・繫辭》記載：「天一地二，天三地四，天五地六，天七地八，天九地十，天數五，地數五，五位相得而各有合。天數二十有五，地數三十，凡天地之數五十有五，此所以成變化而行鬼神也。」〔註 32〕因此以一、三、五、七、九爲天數，又稱爲陽數、生數；以二、四、六、八爲地數，又稱爲陰數、成數。周易對數的解釋，表明數有奇有偶，陰陽相錯，生成相合，而造成千數萬物之變化。同時，周易衍生的八卦認爲陰陽是相對的，陽數、陰數字於不同的卦位，陰陽又有別，如六爻在乾卦爲陽爻，在坤卦則爲陰爻，體現了古人對立統一的整體辯證思維。「陰陽之氣，各有多少，故曰三陰三陽也」〔註 33〕。數的陰陽層次性的解釋是其封建禮制表達的基礎。在《周易》中「三」是象徵天、地、人「三才之道」或「三極之道」的一個數字。

中國傳統的宅院建築之最高規格，爲左、中、右「三路」之制。如明清時期的北京紫禁城，山東曲阜的孔廟、孔府等。北京紫禁城內，前朝、內廷的主要建築均爲「三」大宮殿。以太和殿爲主的三大殿之基座（又稱須彌座），分爲上、中、下「三」層或「三」重，又稱「三臺」。而且，每一層的臺階數，也都與「三」有關；「下重級二十有三，中上二重級各九」；乾清門「中三陛，三齣各九級」。在最高級別的禮制建築即「天壇」中，祈年殿屋頂爲「三」重簷形式，基座呈「三」層。

乾卦，乾上，乾下，六爻皆陽。在行筮的時候，若所得之數全是九，由於九是變爻，乾卦就要變爲坤卦。六爻都是九，謂之「天德」，即至純、至萃、至精之德。乾卦六爻全部用九而不用七，謂之「用九」。這時候，乾卦處於乾坤轉變的關鍵時刻，不可爲首。人處在這種時候，亦當順其自然，遵守三極之道，不可枉自爲首。《乾》用九曰：「見群龍無首，吉。」〔註 34〕「用

〔註 32〕程建軍，《中國古建築與周易哲學》〔M〕，吉林：吉林教育出版社，1991 年，第 27 頁。

〔註 33〕《素問・天元紀大論》。

〔註 34〕《周易・乾卦》。

九，天德不可爲首也。」〔註 35〕《乾・文言》曰：「乾元用九，天下治也。」「乾元」不是指的某一天，而是包括乾卦六爻在內。故而稱「天下治」，即天下大治。「用九」，是說應當善於運用陽剛變化之客觀法則，即要剛柔相濟，寬猛相濟；掌握並運用了「用九」的法則，方可做到天下大治、天下太平。所謂「天則」，指的是自然規律。「用九」，表明了天道的變化無常，所謂「天有不測風雲，人有旦夕禍福」。若在天道突變之時，仍然能夠善於「用九」而不爲九所用，就不僅是天下可治，而且是體現了天道之法則了。這是只有具備了「天德」的聖人，才能達到的一種極高的境界。鑒於自然數中的「九」，在易學中所蘊含的上述哲理，再加上乾卦之六爻皆以「龍」來作比喻，因而，「九」就成了一個非常吉利而且有些神秘的數字。從易學哲學到社會生活，從皇家宮廷建築到民間建築，都可以找到「九」的影子。《周易》同中國傳統建築藝術也有密不可分的關係。如《周易》有對數字「九」的崇拜，認爲九是天數、陽數之極，稱陽爻爲九。「九五：飛龍在天，利見大人。」〔註 36〕這是象徵帝王的大吉之爻，故古代帝王被稱爲「九五之尊」。因此九及其倍數，在中國傳統建築藝術中常見。如北京頤和園十七孔橋，無論從橋哪端數起，中間最大的孔是第九孔；天安門城樓東西面闊爲九間制、南北進深爲五間，形制爲九五之制，此外城樓也爲九脊重檐歇山底殿頂；天壇圜丘共三層，第一層徑爲九丈，第二層徑爲十五丈，第三層徑爲二十一丈，三層徑之和爲四十五丈（9×5＝45），也象徵九五之尊等等，實際上故宮建制多與九數有關。在《周易》中「九」是陽數之最，「九」成爲封建禮制等級中最高的一等，形成限制後世城市規劃、宮室建築的由「九」逐一向下奇數遞減的封建禮制系統。所以，古代建築師營建都城都是按「方九里，旁三門，國中九經九緯，經塗九軌」〔註 37〕。宗祠也是按此制，「明堂者古有之，凡九室」〔註 38〕。明堂九室，朝堂明堂均然。《論語》云：「禮之用，和爲貴，先王之道斯爲美」。數的多彩性、多義性，統一中求變化，變化中又歸於統一，產生豐富的藝術效果，並借用禮樂的陰陽關係及藝術力量，使古代都城空間呈現出秩序謹然，又活潑生動，兼具理性精神與浪漫情趣的禮樂合一的美學特徵。如明清北京城故宮方整有序，圜丘壇圓和生動，中軸線氣勢磅薄，居民區均質細

〔註 35〕《周易・象辭上傳》。
〔註 36〕《周易・乾卦》。
〔註 37〕《周禮・考工記》。
〔註 38〕《大戴禮記》。

密，共同構成城市整體佈局、空間豐富機巧而又和諧統一的禮樂篇章。

圜丘是古代帝王祭天、祈穀的地方，象徵天道以及人對天的崇信。故圜丘的建制是嚴格按照數的禮制構建，如北京天壇圜丘分爲三層，呈圓形。第一層的中心用石料砌成扇形面，其數爲「九」，作爲第一圈，此後一圈一圈的擴展，所用石料數都是「九」與「九」的倍數。第一層一共鋪砌九圈，以「九」爲級數，逐層增加序列，第二、三層以此類推，共27圈。所以，天壇圜丘和石料用數皆爲「九」，象徵著九重天〔註39〕的意思。英人白榭爾（Beshell）這樣敘說圜丘壇：「陛各九級，壇臺成（層）徑九丈，取九數。二成徑十有五丈，取五數，三成徑二十一丈，取三七之數。上成一九，二成爲三五，三成爲三七，以全一三五七九天數，且合九丈、十五丈、二十一丈，共成四十五丈，以符『九五之義』」。〔註40〕站在圜丘壇的天心石上，遠望祈年殿、皇穹宇等建築的藍色屋頂，使人感覺憑虛御空，彷彿置身於天庭之中，意境效果無與倫比。

4.2.3.2 數的五行方位中的「中五」思想

在中國的河圖與洛書中，蘊含豐富的數理內容，這些數理即其方位的不同與五行結合起來構成相生（如圖：4-2-10 河圖與五行相生圖）或相剋（如圖：4-2-9 洛書與五行相剋圖）之意。其中還貫穿著一個「以五爲中」的思

4-2-9 洛書與五行相剋圖

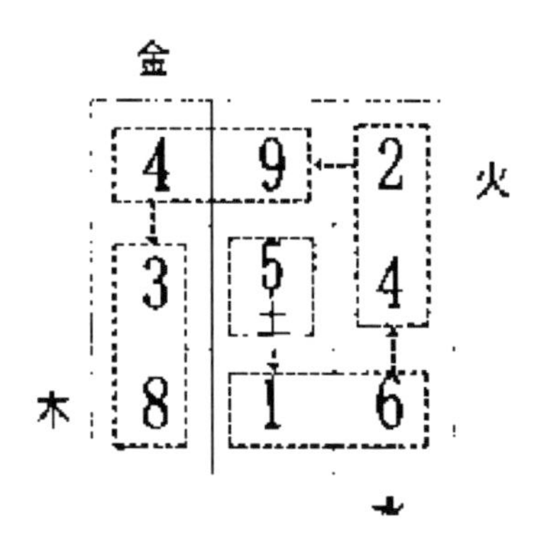

4-2-10 河圖與五行相生圖

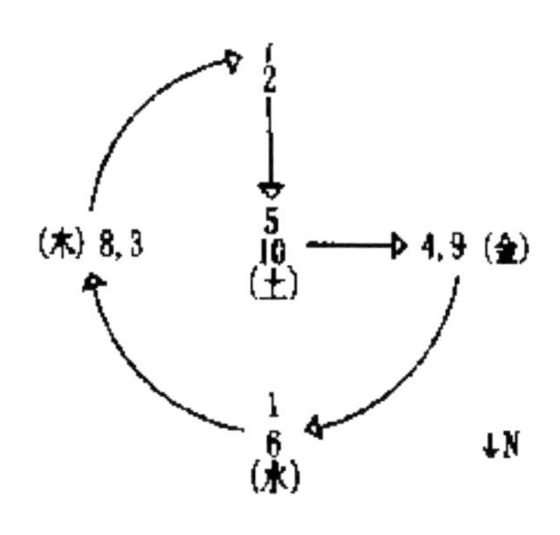

〔註39〕九重天，即：《太玄》曰：有九天，一爲中天，二爲羨天，三爲從天，四爲更天，五爲天，六爲廓天，七爲咸天，八爲沈天，九爲成天。又曰：天以不見爲玄。

〔註40〕顧孟潮，《當代建築文化與美學》〔M〕，天津：天津建築科學出版社，1989年，第88頁。

想，就是五居中央，同時其他方位所呈現的數都是一奇一偶，意爲天地相配，陰陽相和。這種寄寓祥瑞之意的組合後來成了中國建傳統築規劃設計中的一個基本守則。如圖所示。圖中數字無論按對角線、橫線或豎線相加都等於十五，而十五又是由三個五相加而得，因此構成「三伍錯綜」〔註 41〕吉祥之義。

古人從《周易》所蘊涵的陰陽五行學說中受到啓迪而創造的五聲（宮、商、角、微、羽）正是同五行（土、金、木、火、水）相對應的。五聲又可與五方觀念相關聯，即宮爲中、商爲西、角爲東、微爲南、羽爲北。五聲還可與四時節氣互照，即角爲春氣木聲，微爲夏氣火聲，商爲秋氣金聲，羽爲冬氣水聲，以宮爲四時中的「另」氣土聲。《史記，樂書》云：「凡音者，生人心者也。情動於中，故形於聲，聲成文謂之音。」八音、五聲的配合，亦是樂律的天人合一。此外八音、五聲與六律、六呂相配合，所奏出的「天人合一」的和諧，正是溝通天人、陰陽二氣的要素與中介。在古人看來，根據《周易》觀念，律呂音樂藝術始終與宇宙時空的運行、陰陽二氣的演化是相聯繫的。

數的陰陽五行觀念不僅講陰陽的對立，同時也講陰陽的「中和」。在封建社會，「中和」被認爲是處理政事的哲學思想和有效的方法，受到歷代統治階級的高度重視。因此，這種思想自然地反映到了古代都城規劃中，表現爲傳統建築空間的虛實互補。古代城市建築的虛實互補具體展現爲：以中軸線爲城市構圖軸線（軸線的長度有定制），統領城市各部分建築群落與轉承起合的公共空間，軸線上的建築數量必須體現數理上的陰陽對比。在這種「中和」思想的規制下，中國傳統城市散發出一種藝術的、倫理的中和之美。明清北京城中軸線是都城規劃中最成熟的一條中軸線。中軸線長達 15 里，這一數字正好體現了「三伍錯綜」之義。在中軸線上，分佈著錯落有致的門殿，這些門殿的數目，經過建造者的精心處理，將太和殿置於「九五之尊」的祥貴位置。同時，太和殿與中和殿、保和殿組成中央建築群，託古「三朝之制」，寓意萬物有序、天地合一。而且三殿都有一個「和」字，且中和殿處於中間，均表達著「中和」的象徵意義。這條中軸線將北京城各部分空間組合成有機統一的整體，加上九重宮闕的深遠肅穆的氣氛，令古都達到了天人和諧的藝術境界。

〔註 41〕語出《周易・繫辭上傳》「三伍以變，錯綜其數，極其數，遂定天下之象」。

4.2.3.2 數的禮樂作用

中國傳統社會呈差序格局，形成以家族血緣關係爲基礎的宗法觀念和政治制度。其核心即是建立等級秩序、區別尊卑貴賤，並成爲安邦、治國、齊家、修身的精神信條與處世原則。《禮記》說：「禮有以多爲貴者，天子七府、諸侯五、大夫三、士一……。此以多貴也。禮有以大爲貴者，宮室之量，器皿之度，棺槨之厚，丘封之大，此以大爲貴也。禮有以高爲貴者，天子之堂九尺，諸侯七尺，大夫五尺，士三尺。天子諸侯臺門，此以高爲貴也。」〔註 42〕這裡的「多」、「大」、「高」都以數量的不同來體現，所以數在這裡具備了禮制之含義，再結合數的陰陽、五行方法，共同構成純熟的數理禮制秩序體系。表現在三個方面：

（1）差序禮制：以陽數、陰數之大數爲尊，自此以下逐次爲卑，即所謂「自上而下，降殺以兩，禮也」〔註 43〕。差序禮制體現的是傳統社會的宗法禮儀。古人運用數的差序禮制制定了禮制秩序的城市制度、宗廟制度、屋舍制度、構屋制度等。例如，在城市制度中，古人將古代都城從用地規模、佈局、殿堂數量、臺基高度、屋舍高度、進深架數等等都納入了禮的規制，明顯地反映出了古代城市制度中的差序禮制。

（2）陰陽禮制：陽爲尊，陰爲卑。陰陽禮制體現的是古人的倫理觀念。在中國傳統的禮制建築設計中以陽數來表達尊崇的象徵含義。因此古代都城各種建築的佈局均用陽數，如東漢都城洛陽城的規模有文獻記載：「南北九里七十步，東西六里十步，長方形」，九與六數字的運用，即是取其尊貴、合德之義。而外朝內寢、前朝後寢的制度中，殿用奇數，宮用偶數，東漢洛陽「三門六宮」、明清故宮的「三殿二宮」均反映了陰陽合德的思想。

（3）方位禮制：「中五」爲尊，四方四維爲卑，體現的是古人的空間意識形態。古代都城中宮城位於城最中心位置，以體現王者居中的尊崇思想。而且以五重門制來強化其居中的無上地位，即自外郭城門至宮內燕寢，共設皐門、庫門、雉門、應門、路門等五重門闕。

總之，正如古人所言：「禮，上下之紀，天地之經緯也，民之所以生也」〔註 44〕。禮的作用無處不在，在與數結合後形成的一整套數理禮制秩序深刻

〔註 42〕《禮記》。
〔註 43〕《左傳・昭公二十五年》。
〔註 44〕《左傳・昭公二十五年》。

地影響著中國傳統建築的活動。

4.3 中國傳統建築裝飾之禮

中國傳統建築裝飾也具有明顯的等級倫理色彩。中國傳統建築裝飾的一些主題：如屋頂的瓦樣規格以及屋脊瓦獸，建築構件的梁柱裝飾，外簷與內簷的裝修、門制、雕飾品類和彩畫形制等，基本上都由禮制來規定。

4.3.1 裝飾之倫理功能

建築裝飾是一個廣泛、普遍的文化藝術現象。每一個時代的歷史、文化都在建築中留下了深刻的印迹，這些印迹除了在建築的構造中得到保存之外，大量的信息凝聚在建築的裝飾中。建築中的雕刻、紋飾、色彩、線腳以及構件排列、組合的秩序等等顯現著人們的社會意識、信念和價值觀，這些都是我們判斷和理解建築倫理內涵的關鍵性信息。

建築中的某些形式或裝飾在它產生時往往具有實際的功能，並與它的建造手段和結構邏輯緊密相關，但這些功能並不構成對形式的制約。換句話說，功能的改變或消褪，並不影響原有形式作爲一種純粹的裝飾語言而在其他的建築結構中得到保存。按照人們通常的理解，建築中的裝飾大多是非功能性的，它的目標是創造審美價值。在現代主義者眼中，裝飾是可有可無的，甚至是多餘的東西。因此，他們極力反對在建築中使用裝飾。事實上，裝飾對建築而言，從來就不是可有可無的，它是無所不在的，我們始終沒有擺脫裝飾對建築的強烈影響，只要我們把建築同美的追求聯繫在一起，裝飾的因素就會在潛移默化中發生作用。

裝飾既有結構上的功能，也有信息傳遞的功能以及審美、倫理表達方面的功能。我們對歷史上任何一種類型的建築之解讀，都不可能將裝飾的因素排除在外，因爲裝飾與建築的空間、構造一起構成了一個完整的主題。裝飾總是和功能聯繫在一起的，在某種意義上說，不存在沒有功能的裝飾，也不存在沒有裝飾的功能。西方傳統建築中的柱式，既具有一種構造上的功能，也是一種標準的裝飾語彙。中國傳統建築中雕飾彩畫，既是一種功能，也是一種裝飾，它豐富了整體建築的表現力。我們對功能的表達只能通過具體的材料、結構方式和加工手段等可見的形式，而不可能是空洞的、抽象的或是純粹的形式。在建築的歷史中留傳下來的每一種裝飾，都有確定的歷史含義，選擇了一種裝飾就意味著選擇了這種歷史的、文化的主題。例如：文藝復興時期的傑出建築師帕拉迪奧，他設計的聖喬治教堂，除了運用四根巨型古希臘樣式的柱子，將教堂的中央部分以象徵希臘神廟的方式強調出來，還保留了兩側較低矮的翼廊，以此來隱喻古羅馬公共會堂的形式，同時又運用了許多文藝復興時期特有的開窗形式和裝飾紋樣，對歷史的選擇與繼承非常明顯。如今，即使是在後現代主義的作品中，我們也可以深切地感受到這種歷史的份量，它們或多或少都在以現代的新的姿態向人們昭示著歷史的、傳統的存在。例如：匹茲堡市區的玻璃大樓就在用新的語境表達著歷史的存在，它將傳統哥特式建築的許多高塔作爲強化現代建築高度感的象徵元素。

中國傳統建築的裝飾藝術則是中國倫理思想的物化表現。在階級社會裏，從倫理政治意義上來說，裝飾藝術不僅是一種物質財富，一種生活日用品，更重要的是它具有社會倫理政治功能，它是一種權力、地位和威嚴的象徵。這種建築裝飾的觀念對中國傳統建築具體的裝飾產生了決定性的影響。

4.3.2 中國傳統建築裝飾色彩之禮

色彩作爲建築裝飾的重要組成部分，在中國傳統建築禮制思想的表達中起著十分重要的作用。遠在新石器時代，先民們就懂得在建築物上添加色彩。（如圖：4-3-1 新石器時代的彩陶罐）梁思成先生曾說：「從世界各民族的建築看來，中國古代的匠師可能是最敢於使用顏色、最善於使用顏色的了。」〔註 45〕所以，從某種意義上說，中國傳統建築也是色彩裝飾的建築。

4-3-1　新石器時代的彩陶罐

在中國傳統文化中，顏色的生成有著豐富的文化內涵，統治者從維護其政權的需要出發，把顏色作爲區分社會等級的手段，從而使顏色政治倫理化，具有了尊卑高下的文化特性。總的來說，自唐宋以後，建築發展越來越精緻華麗，色彩的種類也大幅增加，同時也建立了一套著色準則，到明清之時已

〔註 45〕梁思成，《中國建築史》〔M〕，天津：百花文藝出版社，1998 年，第 156 頁。

有等級嚴格的規制，以供營造匠師參考。

中國古代認爲天地萬物都是由金、木、水、火、土五種基本元素構成，因而在對色彩進行分類時，就把色彩與五行聯繫了起來，認爲五色配五行和五個方位。反以說：「五色，東方謂之青，南方謂之赤，西方謂之白，北方謂之黑。天謂之玄，地謂之黃。」〔註 46〕即以青綠色象徵東方和春季，以紅色象徵南方和夏季，以白色象徵西方和秋季，以黑色象徵北方和冬季，以黃色象徵中央。而且這些顏色在不同的歷史時期具有不同的「地位」象徵含意。在古代官方建築中，黃、紅色是用得最多的。因爲，純粹的紅色能夠表現出某種崇高性和莊嚴性，而當紅色與黃色一起使用時又能增加黃色的活力，使黃色變得更加有力和壯觀。尤其是黃色，在歷朝歷代都受到極大的重視，被看作是居中的正統顏色。這或許與《易經》認爲黃色具有居中至美之性有一定的關係，《易經》云：「天玄而地黃」，又云：「君子黃中通理，正位居體，美在其中，而暢贊四支，發齡四業，美之至也。」〔註 47〕因此，黃色也就自然地成爲了封建統治者表達其權威的一種專用色，或說是帝王之色，輻射到歷代的宮殿建築也不得不以黃色爲主要的裝飾色彩了。如皇家宮殿多采用黃色琉璃瓦屋頂，象徵著至高無上的皇權。紅色也是五色之一，一般在表示幸福和富貴之時多用紅色。因此，中國傳統建築在使用紅色作裝飾色彩時是比較保守和謹慎的，一般只在建築中的宮牆和柱漆上選用，象徵著中央政權，普通民宅則只能選用灰色。五色之中的白色，不論是官式建築還是民宅中都不怎麼常用，只在江南民居建築中用作牆體的顏色。但是，需要說明的是，我國傳統建築裝飾色彩的運用，也不是絕對固定不變的，在不同的歷史時期會有不同的表現形式。

在幾年的封建社會發展過程中，統治者把建築物上的不同色彩賦予了各種等級差別的階級內容。所以，《禮記》中說：「楹。天子丹諸侯黝，大夫蒼，土。」〔註 48〕這些統治階級的封建意識形態明顯地反映在建築的等級與色彩上。殷商時期宮殿的柱子多爲紅色，牆則是白色，宮殿的「堂」和前簷還用絢麗多彩的織繡、繪品裝飾，使得統治者的建築高貴、奢華而富麗堂皇。周代時紅色被統治者認爲是高貴的色彩，多在宮殿、柱牆、臺基上使用，而且

〔註 46〕《周禮・考工記》。
〔註 47〕《易經》。
〔註 48〕《禮記》。

使得這種觀念一直延續下來，成為一種傳統。從此以後，普通百姓的建築中使用紅色的權力漸漸被剝奪。漢代的宮殿與官署建築也多用紅色。有大量的「丹楹」、「朱闕」、「丹墀」之類的文字記載。漢代以後黃色在等級上超越紅色成為最尊貴的建築裝飾色彩，而且充分利用其他色彩來突出主色彩，出現了「彤軒紫柱」、「丹墀縹壁」等建築色彩組合。魏晉南北朝以後，屋頂上琉璃瓦的出現和使用使黃色擁有了至高無上的地位，一般的建築已不能使用黃色。宋元以後的宮殿使用白石臺基、紅牆、紅柱，黃、綠色琉璃瓦屋頂。到了明清時代建築色彩等級更加嚴格分明，突出體現在不同色彩的琉璃瓦的使用上，黃色為最高，綠色次之，還有藍、紫、黑、白各色。這些五彩繽紛的琉璃瓦構成中國古代建築屋頂的豐富美感，與形態各異的屋脊、獸吻，形成中國傳統建築最明顯最優美的特點。

總之，中國傳統建築裝飾色彩之特點不僅僅在於豐富多樣，建築大師梁思成先生曾對此作過精確的總結，他說「中國建築物雖名為多色，其大體重在有節制之占綴，氣象莊嚴，容華貴，故雖有較縟者，亦可免淆雜俚俗之弊焉。」〔註 49〕而在這「多色」又「有節制之占輟」的裝飾色彩下所蘊含的是更加豐厚的封建禮制倫理思想。

4.3.3 中國傳統建築的彩繪與雕飾之禮

中國傳統建築的裝飾豐富多彩，彩繪與雕飾是其獨具特色的一類元素。彩繪，被稱為丹青，是一種常繪於中國傳統建築上的裝飾畫，主要繪於梁和枋、柱頭、窗櫺、門扇、斗拱、牆壁、天花、角梁、椽子、欄杆等建築木構件上，尤以梁枋部位為主。彩繪工藝性強，通常分「彩」與「繪」，所謂「彩」通「採」，有光彩、色彩之義，是指在建築構件的外表抹灰打底，填補裂縫，然後披上麻布、刷灰、再上桐油漆，使得木材表面平整後方才作畫，這樣不僅可以防潮、防風化剝蝕，而且還可以防止蟲蛀腐蝕。施工程序：包括地面、木料的補土、起草圖案、顏料選擇、煮油、油漆、安金、垛頭等，通常占彩繪工程的 83%，這個部份的功能是可以讓作品避免龜裂剝落，更具有保護建築構件的功能，而這一個部份對於廟宇的保護具有十分重要的作用。其次就是「繪」，也就是繪圖著色工作。「繪」的部份是指由執筆師傅所負責的部份，在木構件表面塗刷油飾色彩以利防腐並裝飾建築，是中國古建築的傳統做

〔註 49〕梁思成，《中國建築史》〔M〕，天津：百花文藝出版社，1998 年，第 4 頁。

法。正如林徽因先生所指出的，在建築上施用油飾彩畫，「最初是爲了實用，爲了適應木結構上防腐防蠹的實際需要，普遍地用礦物原料的丹或朱，以及黑漆桐油等塗料敷飾在木結構上；後來逐漸和美術上的要求統一起來，變得複雜豐富，成爲中國建築藝術特有的一種方法」〔註 50〕。除裝飾、保護功能外，彩繪還起著標誌、象徵等多方面的作用。在中國封建制度下，等級是建築裝飾所表達的文化信息中極重要的一方面。由於官式建築的等級制度和商賈炫耀富有的心態，彩繪就運用到建築的方方面面。

雕飾包括牆壁上的磚雕、臺基石欄杆上的石雕、金銀銅鐵等建築飾物。中國傳統建築上的雕飾部位都是與建築本身的構件合而爲一的。因此，中國傳統建築的雕飾大多都集中在構件的各個結點上，這個裝飾原則與中國傳統思想中的「門面」觀念和倫理觀念相結合，使傳統建築的雕飾主要集中在屋脊、門窗、梁架和重要的堂室等處，主要以梁枋部位爲主。如「臺灣寺廟彩繪建築結構說明表」，即可見其端倪，見下表：

<table>
<tr><td rowspan="3">梁</td><td>大　　通</td><td colspan="2">堵頭＋堵仁＋堵頭</td></tr>
<tr><td>二　　通</td><td colspan="2">堵頭－包巾彩繪</td></tr>
<tr><td>三　　通</td><td colspan="2">包巾</td></tr>
<tr><td rowspan="2">枋</td><td rowspan="2">箍頭＋堵頭＋堵仁＋堵頭＋箍頭</td><td>箍頭</td><td>菱花形、八角形等，內多用堵仁方式處理，即繪以花鳥、人物等。</td></tr>
<tr><td>堵頭</td><td>隔線＋曲團＋螭虎＋岔角</td></tr>
<tr><td rowspan="3">束木</td><td>圓　　形</td><td colspan="2">圓斷面上面施單色（大色作，朱或青或黑色），下面呈月眉狀的部份施以雲紋即可，有時月眉地方可繪花鳥。</td></tr>
<tr><td>矩　　形</td><td colspan="2">矩形斷面側面留出堵仁，施以花草彩繪，下面「底見紅」即可。</td></tr>
<tr><td>一般月梁</td><td colspan="2">書卷形，左右繪出卷軸狀，中央則繪以山水人物，構圖甚爲簡潔。</td></tr>
<tr><td>瓜筒</td><td colspan="3">上有瓜瓣或螭虎銜磬牌等裝飾，瓜瓣一般繪以桃子，「上綠下紅」爲原則，較高級者則在瓜瓣內繪「仕女」或「童子」。</td></tr>
<tr><td rowspan="2">斗</td><td>斗　　面</td><td colspan="2">斗面有最簡單的單色作，或留出方框，框內繪雲紋仿大理石，比較高級者，在斗面加「安金」框，框內繪「錦紋」或「花草」，或云紋。</td></tr>
<tr><td>斗　　腰</td><td colspan="2">簡單者則繪朱色，或云紋。最高級者則繪齒狀裝飾帶，安金並加卷草紋。</td></tr>
</table>

〔註 50〕趙雙成，《中國建築彩畫圖案・序》〔M〕，天津：天津大學出版社，2006 年，第 2 頁。

栱	栱身	關刀栱	以朱、青、綠色爲多
		葫蘆平栱	
		草尾栱	
		螭虎栱	
	栱　　底		朱色（底見紅）
托木	多飛鳳、白鶴、鼇魚、花草及螭虎等木雕。		
豎材	通常雕以龍頭、仙翁、仙女、倒爬獅及鳳凰、人物花鳥裝飾的木塊封住。		
弔筒	多以垂弔的蓮花或白菜爲題材		
壁堵	以神祇傳說及歷史人物故事爲主		

在中國的傳統建築裝飾中，彩繪與雕飾作爲最突出的裝飾元素，其功能可分以下幾點：其一，用以鎮宅、化煞、驅魔、避邪的意圖。彩繪多以門神爲主要表現手法，在門上繪製圖像以嚇阻鬼魅，如經常出現在門上的有如下一些門神：

韋馱、伽藍	佛教的護法，常出現佛教的中門
哼哈二將	佛教門神，哼將爲青面、閉口；哈將爲紅面、開口
秦叔寶、尉遲恭	最常見的門神，他們是幫唐太宗打天下的名將，傳說唐太宗晚年常做惡夢，是他們二人守在門前才使唐太宗能一夜好眠。秦叔寶是白面；尉遲恭則爲黑面

下表格介紹的三種則多繪至於左右門：

四大天王	手上分別執劍、持琵琶、拿傘與纏蛇，象徵「風調雨順」之意。
太監、宮娥	祀觀音或媽祖等女神的寺廟通常以此爲門神，其手中亦會執一些吉祥物。
文臣	手中常捧有冠、鹿、牡丹、爵（酒器），意指「加冠進祿、富貴晉爵」。

而雕飾題材一般選用獅子和八卦表達鎮宅避邪的意味。獅子性情兇猛，外型威武，是王者與力量的象徵，在中國傳統建築中經常被用作守護神。在中國傳統建築中從宮殿、陵墓到寺廟、祠堂，乃至普通的四合院等門前都可以見到各式各樣的獅子，或銅獅或石獅。在牌樓、基臺、欄杆、柱礎的裝飾雕刻上也多見獅子的造型。不僅如此，獅子也是中國傳統建築雕塑中最常以獨立體態呈現的瑞獸。除此之外，還有石狗、石象等。八卦符的圖像結構包含太極、陰陽、天地、五行等因素，其演變無窮盡，象徵法力無邊，任何邪

魔囚煞都可鎮止，是通常意義上的避邪法物。

其二，用以祈福求吉、化災求平安的意圖。（如圖：4-3-2 徽雕福事連連）中國人經常會通過一些外在的、形象的圖形來祈求家族興旺、人畜平安、富貴長壽等吉事，而這類外在、形象的圖形主要是彩繪和雕飾。彩繪的取材一般是四季花、如意等，表富貴吉祥之意。雕飾的題材主要爲傳統的鳳、麒麟、鹿、獅子等吉祥動物，表達了福祿雙全、吉祥如意之意。鳳是殷人的圖騰，象徵著和平、安寧和祥瑞，《史記》中就有「鳳凰來翔，天下明德」〔註 51〕等記載。下表是一些彩繪的表現手法與特色：

4-3-2　徽雕福事連連

	北式彩繪	南式彩繪	蘇式彩繪	敦煌彩繪
表現手法	以疊暈的方式表現，層次分明，圖騰以龍鳳、直線線條爲主	以退暈的方式表現朦朧美感，圖騰包括卷草圖案等	爲南式的延伸，並透過邊框層次的彩繪而增加作品的立體度	以佛教經典圖騰，如蓮花、法輪融入南北技法
特色	較爲利落而帶貴氣	較爲柔和婉約	構圖活潑、題材豐富且喜用錦紋	表現出剛柔並蓄的創意，處處流露不捨眾生的慈悲

其三，用以倫理教化、修身養性的意圖。中國傳統建築彩繪和雕飾藝術的背後也含了傳統的民俗意義和人文意義。這類彩繪和雕飾裝飾多繪於或雕刻於醒目之處，主要是宣揚「修身、治國、平天下」、「仁、義、禮、智、信」、「忠恕」、「高潔」、「孝廉」、「貞節」等傳統的倫理道德，暗示了人生「知人倫之理，以善統眞美」的原則，進行道德觀念的教化，其題材包括戲文典故、梅蘭竹菊、琴棋書畫、鯉魚躍龍門、茂叔愛蓮和二十四孝等。

在等級森嚴的封建社會中，傳統建築的彩繪和雕飾也必然會有種類和等級的差異。「官式」建築無不遵循這種差異，這是一種被官方規範化了的建築形式，是封建社會等級制度在建築物上的體現。如果不按一定的規矩建，即爲「逾制」，會受到懲罰。例如：和璽彩繪是彩繪等級中的最高級，用於宮

〔註 51〕《史記・五帝本紀》。

殿、壇廟等大建築物的主殿。梁枋上的各個部位是用特別的線條分開，主要線條全部瀝粉貼金，金線一側襯白粉和加暈。用青、綠、紅三種底色襯托金色，看起來非常華貴。和璽彩繪還有金龍和璽、龍鳳和璽及龍草和璽之分。除和璽彩繪外，還有鏇子彩繪、蘇式彩繪和其他彩繪。鏇子彩繪中同樣有等級之分。金琢墨石碾玉是鏇子彩繪中的最高級，各大線及各路瓣都瀝粉貼金，相當華貴；煙琢墨石碾玉是次一級鏇子彩繪，圖案中「五大線」貼金，各路瓣用墨線。鏇子彩繪中的等級，基本上以用金量多少爲依據，其等級依次爲金線大點金、墨線大點金、金線小點金、墨線小點金、雅伍墨、雄黃玉等。蘇式彩繪是另一種風格的彩繪，多用於園林和住宅四合院。蘇式彩繪除了有生動活潑的圖案外，「包袱」內還有人物、故事、山水等。頤和園中的長廊，應是蘇式彩繪的樣板畫廊。金琢墨蘇畫是蘇式彩繪中最華麗的一種，用金量大，包袱內的畫面很精緻；金線蘇畫則是一種常用的蘇式彩繪，主要線條用貼金法。其他還有海漫蘇畫等。這些蘇畫內均無大型包袱，花型、圖案等也較簡單。

由此可見，中國傳統建築的彩繪與雕飾所具有的風格和模式折射出的是戶主社會身份、經濟地位，其最明顯的倫理內涵就是禮制思想，使它成爲中國傳統建築倫理思想的一個重要組成部分。

綜上所述，中國傳統建築在建築類型上豐富多彩，主要包括：宮殿、宗廟、公府、館榭、地下宮室、離宮、壇、祠、警鼓臺、舞臺、觀景樓閣等。它們的種類和使用功能雖不相同，但始初都滲透著禮樂的思想，這基於與政治高度協同的儒家思想——親親、尊尊和等差有別，由此建築融入政治中，成了封建禮制的一個組成部分。所以，禮制建築成爲中國傳統建築的一個重要類型，具有以維護封建禮制爲其功能的突顯特點。

第五章　中國傳統建築倫理思想的價值追求——天地人合一

恩格斯對自然和精神的統一問題，有過一系列精闢的論述。他說：「我們一天天地學會更加正確地理解自然規律，學會認識我們對於自然界的慣常行程的干涉所引起的比較近或比較遠的影響。」〔註 1〕他還說：「自然界和精神是統一的。自然界不能是無理性的……而理性是不能和自然界矛盾的。」〔註 2〕「思維規律和自然規律，只要它們被正確地認識，必然是互相一致的。」〔註 3〕恩格斯的這些論述，深刻地揭示了自然和精神統一問題的豐富內涵。根據恩格斯的這些論述，考察中國古代的天人合一思想，不難看出，這種思想有著深刻的合理性。中國人的最高追求不是到達天國，而是更加關注自然法則和現實生存。孟子的「盡其心者，知其性也，知其性則知天矣」就是這個意思。漢代大儒董仲書進一步提出了「天人之際，合二爲一」的主張，到了宋代儒學便出現了高度概括的「天人合一」。在中國的建造活動中，「禮制」就是「天人合一」的具體表現。「明堂上圓下方，八窗四闥布政之宮，在國之陽。上圓法天，下方法地，八窗像八風，四闥法四時，九室法九州，十二坐法十二月，三十六戶法三十六雨，七十二牖法七十二風」〔註 4〕，

〔註 1〕中共中央馬克思恩格斯列寧斯大林著作編譯局譯，《馬克思恩格斯全集》（第 20 卷）〔M〕，北京：人民出版社，1971 年，第 519 頁。

〔註 2〕中共中央馬克思恩格斯列寧斯大林著作編譯局譯，《馬克思恩格斯全集》（第 20 卷）〔M〕，北京：人民出版社，1971 年，第 341 頁。

〔註 3〕中共中央馬克思恩格斯列寧斯大林著作編譯局譯，《馬克思恩格斯全集》（第 20 卷）〔M〕，北京：人民出版社，1971 年，第 325 頁。

〔註 4〕《白虎通》。

法天象地與禮樂教化糅合，成爲中國古代最重要的建築設計法則。

5.1 「天地人合一」的時空觀

中國人的宇宙觀是一種沖虛中和的系統，十分注重調整天人關係、人際關係和各種意識形態的關係，以建立起圓融的、安定的、和諧的生活秩序。中國傳統的倫理觀是在這樣一種宇宙觀的指導下建立起來的。

5.1.1 「中國」觀

5-1-1 商代地圖

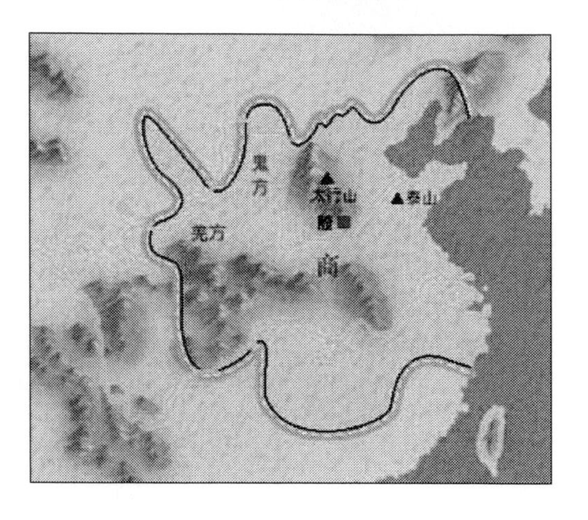

「中國」一詞最早出現在《尚書・梓材》中，「皇天既付中國民，越厥疆土，於先王肆。」〔註 5〕這是記載商朝（如圖：5-1-1 商代地圖）有中國之稱，當然，此處「中國」並不是現在意義上的「中國」，而是「中央之城」或「中央之國」之意，這僅僅是周朝人對自己居住的地域的稱謂，他們認爲自己位於大地的中央，而四周的民族則分別被他們稱爲蠻、夷、戎、狄四諸侯國。在封建社會，各諸侯的封地稱「國」，商朝處在中央位置，即「國中」之意，到漢朝時則將其統治的中原地區稱爲「中國」，如《史記・武帝本紀》中的「天下名山八，而三在蠻夷，五在中國」〔註 6〕。漢朝以來，「中國」一詞逐漸演變成爲正統的朝代的標誌，不僅是居住於中間的王國，它同時又是政治、經濟中心。

在古代，「中國」沒有作爲正式的國名出現，因爲那時的王朝或政權，只有國號，而沒有國名。他們所說的「中國」，不僅是一個單純的地理概念，更是一個民族與文化的概念。中國即國中，國中又意爲「土中」，根據河圖〔註 7〕

〔註 5〕《尚書・梓材》。

〔註 6〕《史記・武帝本紀》。

〔註 7〕河圖洛書是河圖與洛書是中國古代流傳下來的兩幅神秘圖案，歷來被認爲是河洛文化的濫觴，中華文化，陰陽五行術數之源，被譽爲「宇宙魔方」。

之意，中央爲土，爲貴。

河圖用十個黑白園點表示陰陽、五行、四象，其圖爲四方形。（如圖：5-1-2 河圖）一、三、五爲陽數，其和爲九，故九爲陽極之數。《說文》：「五，陰陽在天地之間交午也」、「陽之變也」。《易・文言》傳：「乾玄用九，乃見天則」〔註 8〕，《楚辭・九辨》序：「九者，陽之數，道之綱紀也。」〔註 9〕《管子・五行》：「天道以九制。」〔註 10〕因此，在封建社會就有了九五之位，九五即帝位，極貴也。根據中國傳建築的格局，我們也可以看出端倪。

5-1-2　河圖

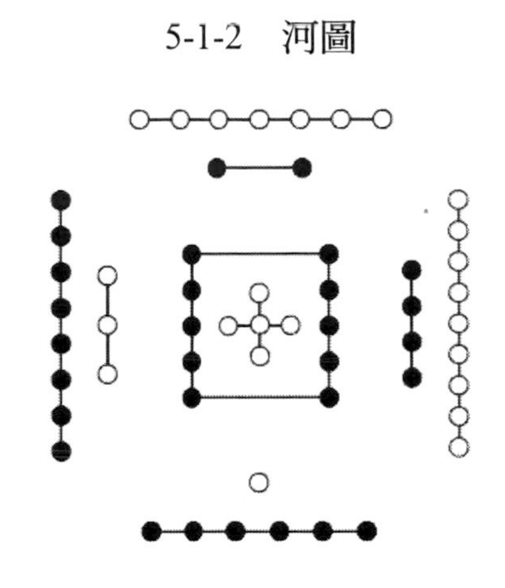

易經尊重宇宙萬物之大道，而推動天地萬物「易變」的原動力便是「陰陽謂之道」。萬物皆有陰陽變化調和而起，如日月的變化，男女的交合，都是一種『易有太極，是生兩儀。兩儀生四象，四象生八卦，最終成宇宙萬物』的二元調和而生成容納萬物的宇宙觀。

陰陽是兩個相互融合、共存而不可分劃的單元，在「萬物負陰而抱陽，沖氣以爲和」的作用下成爲生成宇宙的原動力。在易經這種空間觀的影響下，中國傳統建築空間不是全由「實」物質構成的實體，亦不是不可觸摸、空無一物的「虛」體，確是實體與虛體相融合的空間。實體與虛體缺一不可地絕對並存。同時往往有一個介於室內、外空間的中性空間、灰空間。比如廊道、門廳和門道等既非「陰」空間、又非「陽」空間，既非「黑」又非「白」的模糊、曖昧的灰空間，提供建築室內、外的過渡、緩衝和轉呈的聯繫性空間。

最終，中國傳統建築在「連續性」、「群」性平面和「陰陽相和」的易經思想指導下，虛空間、實空間和灰空間在平面上連續發展、相互交織，使中國傳統建築整體空間呈現豐富變化、多方向而連續流動、相互融合的特徵。

5.1.2 建築即宇宙

在古代漢語中，宇宙、時空和世界三個詞的意思是相當的，「世界」出自

〔註 8〕《易・文言》。
〔註 9〕《楚辭・九辨》序。
〔註 10〕《管子・五行》。

佛教用語，「世爲遷流，界爲方位，汝今當知，東、西、南、北、東南、西南、東北、西北、上、下爲界，過去、未來、現在爲世。」〔註 11〕可知「世界」最早是指宇宙，後來才引伸爲人間、世間、園地、領域等意思。「宇宙」現在一般是指天地萬物的總稱，特別是在現代天文學和天體物理學中。其實，它更準確的用法是指時間和空間。

《淮南子・原道訓》說：「宇宙而章三光。」高誘注：「四方上下曰宇，往古來今曰宙，以喻天地。」可見，世，即宙，即時間；界，即宇，即空間。「世界、宇宙、時空」三者大致是一回事。這種對「宇宙」的理解一直是得到後世公認的，在很多典籍中能見到類似的表述。「四方上下」指的是空間，「古往今來」指的是時間。

在中國傳統建築倫理思想中，古人根據河圖洛書之象、之數、之理及「四方上下」和「古往今來」之意，認識和體悟宇宙，並由此引申出來「宇宙即建築，建築即宇宙」之觀念，以此構建了獨特的建築，宇宙即成了建築的放大和延伸，建築即成了宇宙的體式和模型。（如圖：5-1-3 北京天壇祈年殿）

5-1-3　北京天壇祈年殿

「蓋天說」是古代關於宇宙模型中很有影響的一種，這種學說在漢帶以前占統治地位。《晉書・天文志》載：「其言天似蓋笠，地法覆盤，天地各中高外下。北極之下爲天地之中，其地最高，而滂沲四，三光隱映，以爲晝

〔註 11〕《楞嚴經》。

夜。」〔註 12〕其意爲宇宙像是一個覆蓋在地上的建築。由此還出現了「倚蓋說」、「笠蓋說」和「方天說」三個不同說法，其中「笠蓋說」是「蓋天說」的主流。這三種說法的相似點在於：認爲宇宙是一個大房子，日月星辰都懸掛在「天幕」上。這是先民們從建築中來推想的。「宇」和「宙」當初就是指房屋建築的。《說文五百四十部首正解》一書「宀」字下注曰：「據半坡村仰韶房屋遺址復原，乃在圓形基址上建牆，牆上覆圓錐形屋頂，屋頂中開有通窗孔，下有門。此種建築外露部分較少，因而深密，故許君云：『交覆深屋也。象形。』」〔註 13〕徐復先生的說法從考古學的角度根據當時的房屋形狀說明了古人關於宇宙蓋天說的依據。《淮南子・覽冥訓》：「鳳凰之翔至德也，雷霆不作……而燕雀佼之，以爲不能與之爭於宇宙之間。」〔註 14〕高誘注曰：「宇，屋檐也。宙，棟梁也。」〔註 15〕這是相當合理的說法。「宙」爲棟梁，即爲支撐上天的支柱。古人把頭以上的部分稱爲「天」。甲骨文的「天」字形即是如此。中國古代人認爲上天是需要立柱支撐的。「崑崙者，地之中也。地下有八柱，柱廣十萬里，有三千六百軸，互相牽制，名山大川，孔穴相通。」〔註 16〕上天需要天柱的支撐，房屋也需要支撐，是爲「宙」。所以，現實生活中房屋的柱，古人認爲是有神靈的，特別是中柱，或作爲家庭供奉的神的依託之處，或與火塘一起組成鎮宅護主的守護神。在建築房屋時，古人按照他們所設想的宇宙模型來建造。從現在雲南許多地方遺留下來的「堅柱」風俗中我們還可一睹古人建築房屋的情景：豎柱時間要請巫師根據主人的生辰八字，擇一吉日良時。豎柱當天，本村鄉鄰全部出動幫忙並送禮，遠處的親友也要趕來。現在中國北方農村也有「上梁」的盛大場面，就是古人對於「宙」崇拜的遺存。橫向即爲梁，縱向即爲柱，縱橫交錯即爲「宇宙」〔註 17〕。

由此可知，中國古人從建築物中感悟到了原始的時空意識，從其居住的房屋中體會出了古代樸素的宇宙觀。可以想像，在房屋建築與居住過程中，逐步產生了當時的時空意識。而古人所感知、想像的宇宙，其實就是他們居

〔註 12〕《晉書・天文志》。

〔註 13〕徐復、宋文民，《說文五百四十部首正解》〔M〕，南京：江蘇古籍出版社，2003 年，第 152 頁。

〔註 14〕《淮南子・覽冥訓》。

〔註 15〕（漢）高誘《淮南子注》。

〔註 16〕（清）王謨，《漢唐地理書鈔》〔M〕，北京：中華書局，1961 年。

〔註 17〕楊光麟，《原始物象》〔M〕，雲南：雲南教育出版社，2000 年，第 241 頁。

住的房子，只不過把它想像成很大很大，沒有邊際而已。

5.1.3 傳統星象觀

星象就是天空中日月星辰的各種現象，它是永恒的自然現象，年復一年，周而復始，不以人的意志爲轉移而自然存在著、變化著。簡單地講，星象又可說是天象。它的主要內容有：太陽、月亮以及九大行星的運行周期、路線、位置及光象；以二十八宿爲主的全天恒星的位置、區域及其光象；太陽黑子、日食、月食、彗星、流星、新星、極光等星異變情況；日月星辰之間的位置關係的變化情況等。自遠古以來，人類對於星象的觀察一直持續不斷。尤其是中華民族，更保存了持續、大量而準確的天象記錄，發展出一整套關於星象的知識體系，這就是所謂的星象學。

中國傳統建築與星象亦有聯繫，尤其是宮殿建築，比如在紫禁城全圖上，我們可以清晰地找到北斗七星和北極星的造型，暗喻紫禁城的設計理念是規天矩地。紫禁城的「紫」是指紫微星垣。我國古代天文學家將天上的星宿分爲三垣、二十八宿和其他星座。三垣指太微垣、紫微垣和天市垣。紫微垣是中垣，又稱紫微宮、紫宮。它在北斗星的東北方，古人認爲那是天帝居住的地方。封建帝王以天帝之子自居，他辦理朝政與日常居住的地方也就成了天下的中心。太微垣南有三顆星被人視爲三座門，即端門、左掖門、右掖門；與此相應，紫禁城前面設立端門、午門，東西兩側設立左、右掖門。午門和太和門之間，有金水河蜿蜒穿過，象徵著天宮中的銀河。皇帝及皇后居住的乾清宮與坤寧宮，「乾」、「坤」二字就意味著天地的意思。其東西兩側的日精門與月華門，則象徵著日月爭輝。東西六宮及其他諸宮殿也都分別象徵著天上的十二星辰和各個星座。位於北天空上的主要星座，古人傳說北極星是靜止不動的，北斗星和北天上的其他星辰都要圍繞著北極星旋轉。壯麗的紫禁城中軸線，同時也是北京城的中軸線。在古代，在這條中軸線上，分佈著北京最重要的建築物，按照文東武西，東生西滅，天南地北，日月縈繞的格局修建。明王朝遷都北京後造城牆，因古人認爲天地的西北方有缺口〔註 18〕，因此，北京明城牆西北角有意缺了一角。

中國人在古代的天體崇拜中，曾有過崇拜北極星的階段，認爲它是神聖

〔註 18〕典出《淮南子》：「西北方曰不周之山」，共工「怒而觸不周之山，天柱折，地維絕，天傾西北，故日月星辰移焉」。

而至上的天之中心，是宇宙萬事萬物的本源與最高推測，《論語・為政》：「譬如北辰，居其所而眾星共之。」桓譚《新論》也說：「北極，天樞。樞，天軸也，……蓋雖轉而保斗不移，天亦轉周匝而斗極長在，知為天之中也。」〔註 19〕北斗就像天上的一個大指針，永恒轉動，明亮而又準確，為人類提供了鐘錶發明之前的「天體擺鐘」。北斗的運轉總是圍繞北極，北極恒定不動，滿天繁星則拱衛著它，以它為中心作無休止的運動，這種天象正好象徵了人世政治的整飭嚴謹，所以自然被移植到現實社會中來，於是便出現了中心觀念，天上世界的中央至尊就是地上世界的中央至尊，「尊者居其中」。這樣，在其中心觀念的背後起支配作用的，正是來源於天象的「時間」。所以，「中」之所以至高無上，就因為「中」首先是時間之軸，然後才是「空間」之軸。這就超越到了時間型的哲學境界，體現在中國傳統建築中，便是對中軸線的執著與偏愛。

所以，故宮是「象天設都」思想的體現，是集政治目的、建築意圖和天文崇拜混而為一的體現，不僅標誌著我國傳統建築藝術的偉大成就，更是我國古代天人合一的文化思想與審美精神的完美體現。故宮中所凝聚的這種思想作用於文化，形成中國建築傳統，產生中國建築的基本格局、基本風貌。歌德曾說：建築是凝固的音樂。而中國傳統建築「不僅是凝固的音樂，而且是凝固的精神、凝固的社會意識形態」。〔註 20〕隨著時光的流逝，那些土木結構的藝術與思想合璧的傑作大多已不復存在，現存完整的宮殿建築只有明、清故宮。故宮的建築藝術，作為一種意識形態，體現了皇帝的天賦神權，至高無上。對它進行一番巡禮，有助於我們更直觀地體會中國傳統建築其中的三味。此外，明南京城也仿傚宇宙星象，設計作南斗六星與北斗七星的聚合，所以，城牆開十三座城門，皇宮和官府建在北斗的斗勺，百姓居住區建在南勺〔註 21〕。

古人深信，天的喜怒哀樂都在天象中有徵兆，這些徵兆會引起人間的種種變化，因此必須加以觀測。《易經》云：「觀乎天文，以察時變」，《易・繫辭》說：「天垂象，見吉凶，聖人象之」。要保持天下風調雨順，必須對天十分恭敬，祭天禮儀就是傳達這種恭敬。北京天壇建於明代，是現存最完整的

〔註 19〕（東漢）桓譚《新論》。
〔註 20〕梁思成，《凝動的音樂》〔M〕，天津：百花文藝出版社，1998 年，第 7 頁。
〔註 21〕楊國慶，《明南京城牆設計思想探微》〔J〕，《東南文化》，1999 年第 3 期。

皇家祭天建築群，由圜丘、大祈殿（清代改稱祈年殿）、皇穹宇等建築組成。圜丘露天而設，面對空曠的自然環境烘托出莊嚴的氣氛。每年冬至之日的祭天禮儀在此舉行，由皇帝親自主持。祈年殿是祈求風調雨順的殿堂，坐落在三重圓形漢白玉臺基之上，屋頂為三重圓攢尖式。其內部的內環 4 根柱表示四季，外環 12 根金柱表示一年十二個月，12 根外簷柱表示一天十二個時辰，此雙十二之和表示一年二十四個節令，全部柱數 28 根表示二十八宿。構架上 36 根枋桷短柱表示三十六天罡，72 根連簷柱表示七十二地煞。斗換星移的時光流轉都作了詳盡的表達，使得祈年殿宛如一座「時間的建築」。與祭天對應的禮儀是祭地。與「皇天」相對，地也叫「后土」。天地是互補的關係，天為父、地為母，因此祭地的規格與祭天相當。地壇為方形，取自「天圓地方」的觀念。太廟用於祭祀帝王的祖先，《周禮》對此已有詳細記載，明確規定了它的位置應在皇宮的左側。中國自古以左為尊貴，太廟的位置也證明了血緣的崇高地位。北京明清兩代的太廟至今保存完好。太廟正殿重建於清代，與太和殿規格相同，是最高等級的建築，以示祖先的尊貴。

值得注意的是，天壇建築形成的中軸線是向東偏移，不在內牆所圍面積的正中，而是偏移了 200 米。軸線的偏移似乎不符中國傳統建築中軸對稱的傳統法則，其目的在於拉長從天壇西入口走近主建築的道路長度，延長祭天人群步行的時間，從而強化從建築環境中獲得的祭天感受。乾隆十七年（1752），天壇大享殿改名為祈年殿，同時為了彰顯天的肅穆崇高，渲染「遠人近天」的祭天氛圍，三重簷改用三層藍瓦覆頂，寰丘晶瑩潔白，色彩的高度純化，形成鮮明對比。光緒二十二年（1896）又重建祈年殿，藍瓦、鎏金寶頂與藍天白雲達到了最為完美的和諧。殿內頂正中藻井周圍設 4 根象徵四季、四方的龍柱，中間設 12 根象徵十二個月的金柱，外層設 12 根象徵十二個時辰的簷柱。合起來，內外共 24 柱，象徵二十四節氣；三圍共 28 根柱子，寓意二十八宿；龍柱之上 8 根短柱，則象徵八卦與八方。寰丘每層四面有九級臺階，上層中心一塊圓石象徵太極，圓石外鋪九環白石，壇面、臺階、欄杆構件都取九的倍數。天壇成為代表中國天人合一宇宙觀最偉大的建築。

5.2 「天人合德」的生態觀

中國傳統建築所表現出的生態觀與中國哲學是密不可分的。人與自然是一個整體，而對這樣「天人合一」的哲學思想來說，「天」是古代哲學中最重要的基本思想。「天人合一」這裡有兩層意思：第一層是指在中國古人看來，人的生存環境作爲生命之寓所與人的生命是一個統一的本體，而不是單純的認識對象；第二層是指中國古人以小宇宙類比大宇宙的觀念和方法。中國傳統建築特別注意跟周圍自然環境的協調。中國古代的設計師們在進行設計時都十分注意周圍的環境，對周圍的山川形勢、地理特點、氣候條件、林木植被等，都要認眞調查研究，務使建築佈局、形式、色調等跟周圍的環境相適應，從而構成爲一個大的環境空間。正如李約瑟所言，「再沒有其他地方表現得像中國人那樣熱心於體現他們偉大的設想『人不能離開自然』的原則，這個『人』並不是社會上的可以分割出來的人。皇宮、廟宇等重大建築物自然不在話下，城鄉中不論集中的或者散佈於田莊中的住宅也都經常地出現一種『宇宙的圖案』的感覺，以及作爲方向、節令、風向和星宿的象徵主義」〔註 22〕。中國傳統建築「天人合德」的生態環境觀所倡導的人與自然和諧的思想以及對理想生活環境的追求，始終是人類生存和發展的永恒主題。

5.2.1 風水

風水學由陰陽五行、干支生肖、四時五方、河圖洛書、八卦九宮、二十四節氣與七十二候（曆法）、星象分野等等知識構成的，是天地人「三才」一統天人合一的觀念，即中國風水學的核心內容是天地人合一。古人云：「氣乘風則散，界水則止，古人聚之使不散，行之使有止，故謂之風水。」〔註 23〕風水學亦稱堪輿學，「堪天道也，輿地道也」〔註 24〕。廣及蒼宇，微達人體，皆爲研究參數。中國風水探求建築的擇地、方位、佈局與天道自然、人類命運的協調關係，反對人類行爲對自然環境的破壞。中國古代這種注重感應自然環境、因地制宜的風水觀念，創造了中國建築史上各具特色的傳統城市佈局、傳統建築形式及建築景觀。因此，風水貫穿在中國傳統建築活動的各個過程。從選址規劃、建築單體、園林小品、室內外裝修設計到施工營造，幾乎無所不在，並形成了太極泛存觀、場氣萬有觀、場氣導引觀等風水觀點：

〔註 22〕 Joseph Needham' Science &Civilsatian in China' Cambridge University Press Voi iv: 3 P:102。轉引自李允鉌，《華夏意匠》〔M〕，香港：香港廣角鏡出版社，1982 年，第 42 頁。

〔註 23〕 （晉）郭璞《葬書》。

〔註 24〕 （東漢）許愼《説文解字》。

（1）太極泛存觀。中國古代風水學認爲，無論是一個城市、一個村鎮，還是一個庭院、一戶住宅、一個房間……都是一個層次不同的太極。住宅建築佈局，既看其自身的太極，也看建築組群的太極，建築群佈局不宜缺殘某部分建築的位置，應以地形方整、太極完整爲宜。建築地段佈局應十分注意太極圖的場氣效應，愼重選擇空地，建築群組團內的小遊園綠地，應選在中心地段，並應有建築小品布置。在住宅設計中，一幢住宅也不宜缺角。住宅樓層內部各戶不宜交錯分戶，造成各戶平面缺殘某角。

（2）場氣萬有觀。風水學的五大要素龍、穴、砂、水、向，其本質是氣。尋龍，捉穴，察砂，覓水，定向，是在於察尋適於人體的吉氣，避開不利於人體的煞气，趨吉避煞，在於對氣的趨，避。物物之間存在場，氣來自場。現代科學已初步察證，人體有場氣，植物有場氣，建築物有場氣，萬物之間皆有場氣。恰如萬有引力一樣，場氣也是萬有的。一幢建築可以我足輕重，但如組成建築群，場氣可能劇變。

（3）場氣導引觀。這種觀點認爲，宇宙場氣、地球場氣、地域場氣、建築組群場氣、植物場氣和人體場氣的統一場氣中的氣是風水之氣。其中，宇宙、地球、地域的場氣，是虛處來、實處止大場氣。因此，陽宅多選在土泚水上，宜於民生，利於接納大場氣的盆地、山環、山灣中。場氣的性狀，是螺旋式運動的，任何局部某一層次的螺旋式運動的場氣，都是宇宙大環境的一部分。環境植物、建築、人體是小場氣。小環境場氣，風水學稱爲地氣，地氣高處來，低處去。然而這種場所，在一定條件下，在局部環境中又是可以經過人的智慧認識加以適當導引的。

在這些風水觀點的影響下，歷代各個都城的規劃與建造，常常將選址放在首要位置。因爲，建址是否與風水相符關係著國運昌隆，於是古人「相土嘗水，象天法地」〔註 25〕，即遣專人去勘察地形與水文情狀，同時也要觀天象。從歷史上所有城市選址來看，都力求把城市建於河亹、江邊，這在風水中爲得其「水脈」，稱爲吉利之地望。從科學意義上講則建造城市必須要解決水源問題，水爲生命、生活之源。而且有江河之水也有利於交通，這是古代都城的必備條件。如水源不足，還要經過人工改造使之獲得，漢長安開掘鄭渠，隋代修運河以及元疏掘通惠河與南北大運河等，是解決城市交通、努力擴大潛運區域的實際努力，也有風水上的講究。

〔註 25〕《吳越春秋・卷第四・闔閭內傳》。

在中國古代都城的選址固然重要，其他村莊、民居和陵墓等的選址也是非常講究。（如圖：5-2-1 建築風水）英國著名學者李約瑟認爲，風水是「使生者與死者之所處與宇宙氣息中的地氣取得和合的藝術」〔註 26〕。所謂「生者」「所處」，陽宅；「死者」「所處」，陰宅；陰陽二宅的所謂風水之術，都在通過「覓龍、察砂、觀水、點穴、立向」，通過建築選址、造勢、避諱等手段，追求人之所居、所葬，「與宇宙氣息中的地氣取得和合」〔註 27〕的境界。在民居選址上，中國古代的風水說歸納爲「陽宅需教擇地形，背山面水稱人心。山有來龍昂秀發，水須圍抱作環形。明堂寬大斯爲福，水口收藏積萬金。關煞二方無障礙，光明正大旺門庭」〔註 28〕。可見，在古人心目中，人之居處宜以大地山河爲主，因爲其來脈氣勢最大，關係到人的禍福也是最爲緊要的。

5-2-1　建築風水

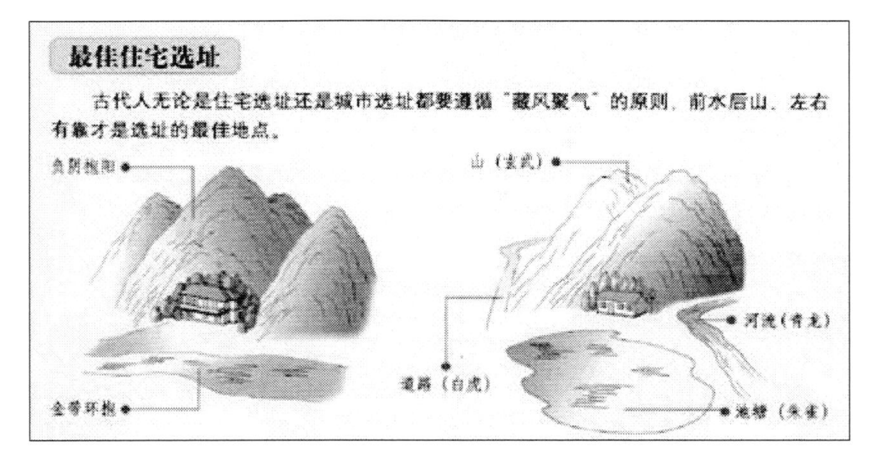

需注意的是，中國傳統建築風水理論關於城市、村鎮、住宅、陵墓與寺觀等的最佳選址模式，是以西北方位爲邏輯起點的，稱爲祖山；北爲少祖山，少祖山之南爲主山，從西北到北，由「龍脈」相承，實際指山勢走向，一種遠觀效果；東（左）爲青龍山；西（右）則白虎山。在青龍山、白虎山之外

〔註 26〕查理 Chatley 語，摘自（英）李約瑟著，汪受琪等譯，《中國科學技術史·第 4 卷·第 3 分冊》，北京：科學出版社，2008 年，第 175 頁。

〔註 27〕（英）李約瑟著，汪受琪等譯，《中國科學技術史·第 4 卷·第 3 分冊》〔M〕，北京：科學出版社，2008 年，第 175 頁。

〔註 28〕（清）姚延鑾輯，《陽宅集成》，乾隆十七年刊本，卷一。

側，各有護山；南有案山與朝山。在這兩山之間，有溪演（水脈）經水口透選流淌。「凡宅左有流水謂之青龍，右有長道謂之白虎，前有河池謂之朱雀，後有丘陵謂之玄武」。〔註 29〕

因此，古代「風水術」首推「地理五訣」。哪五訣？就是龍、穴、砂、水、向。相應的活動是「覓龍、察砂、觀水、點穴、立向」。首先是覓龍。龍就是山的脈絡，土是龍的肉、石是龍的骨、草木是龍的毛髮。尋龍首先應該先尋祖宗父母山脈，審氣脈別生氣，分陰陽。所謂祖宗山，就是山脈的出處，群山起源之處，父母山就是山脈的入首處，審氣脈即指審視山脈是否曲伏有致，山脈分脊合脊是否有輪暈，有輪有暈爲吉，否則爲凶。還有尋龍需分九勢，九種龍勢中有：回龍、出洋龍、降龍、生龍、巨龍、針龍、騰龍、領群龍。來龍就要山勢曲折婉轉，奔馳遠赴。判斷山形還有五星說、九星說等。五星就是金、木、水、火、土。九星就是貪狼、巨門、祿存、文曲、廉貞、曲武、破軍、左輔、右弼。其次是察砂。砂就是主龍周圍的小山，左邊的砂叫青龍，右邊的砂就叫白虎，前面的砂叫朱雀，後面的砂叫玄武；若根據風向又可分爲上風砂和下風砂。主龍前面的砂山若近前便是案山，若遠向，便是朝山。再次是觀水。伴隨山脈而行的河流便是水，「水隨山行，山界水而止。」觀水首要一條是觀水口，水口本身有水流入之處和水流出之處，前者要開敞，後者要封閉。接下來便是觀察水的具體形態，要求「方圓平正」。水是生命之本，水在中國古代的風水觀念中擁有極爲重要的地位，有「風水之法，得水爲上」〔註 30〕的說法。這源自於中國古人始終把水看作是大自然的一個重要組成部分。如《管子・水地篇》中說：「水者，地之血氣，如經脈之通流者也。」〔註 31〕《陰陽二宅全書》則指出：「人身之血以氣而行，山水之氣以水而運」。〔註 32〕而且在風水中，水是「生氣」的體現。「水隨山而行，山界水而止……聚其氣而施耳。水無山則氣散而不附，山無水則氣塞而不理。……山爲實氣，水爲虛氣。土逾高，其氣逾厚。水逾深，其氣逾大。」

〔註 29〕（清）陳夢雷編纂、蔣廷錫校訂，《陽宅十書》〔M〕：北京：中華書局，1985 年。

〔註 30〕（清）紀昀，《文淵閣四庫全書》（第 808 冊）〔M〕，臺北：臺灣商務印書館，1972 年，第 15 頁。

〔註 31〕滕新才、榮挺進，《管子白話今譯》〔M〕，北京：中國書店，1994 年，第 350 頁。

〔註 32〕《陰陽二宅全書》，華亭姚睡旗手輯。

〔註 33〕而後是點穴。穴分爲陰穴陽穴，陽穴是指住宅所立地基。陰穴則是死者墓地。「穴」實際就是指女性的生殖器官，這是中國古代的生殖崇拜觀念的典型反映。最後是立向。中國自古有「向明而治」的意思。如「聖人南面而聽天下，向明而治。」〔註 34〕這是後世帝王統治國家的所謂「面南之術」之說法的來源。又有「雍也可使南面。」〔註 35〕「天子負扆南向而立。」〔註 36〕等。這裡所說的「向明而治」實際上就是「向陽而治」的意思。從環境特點上講，中國處在北半球、低緯度，陽光大多數時間是從南面照射過來，人們的生產、生活是以直接獲得陽光爲前提的，這就決定了人們採光的朝向必然是南向的，時間一長，自然而然在腦海當中就形成了「面南而居」的風水觀念。房屋所以坐北朝南，主要是出於便於採光的考慮，所謂「凡宅居滋潤光澤陽氣者，吉」〔註 37〕就是這個道理。這幾種概念，是中國古代風水中最爲基本的範疇，其它都是從中發展衍化出來的。

5.2.2 天人合一

中國傳統建築有著樸素而獨特的生態協調思想，對土地的生態文化理解博大精深，中國傳統建築在古代社會雖然在某種程度上成了封建等級的代名詞，但在更多方面突出的還是實用的功能，不管是在設計還是營造過程中，都以人爲中心，人欲通天、祭祖、尊神、布道、行政、生活的行爲，都依賴著建築，中國的建築，人成爲建築的中心。而且，中國的建築體現的是一種「家園」的概念，既然是家園，那麼，「家園」是我們生存的展示，是有限的自然對自然的紀念，是大地敞開它沉默的胸懷所顯示並包容的我們的居所。

所以，中國建築不欲以自然和人工來竟久存，由於受到儒道佛「天人合一」觀念的影響，歷來主張順應自然，與自然保持和諧的關係。這一觀念同樣影響了建築的佈局和形象特徵。中國建築以群體取勝，注重虛實結合，以

〔註 33〕《古今圖書集成》（第 47 冊），北京：中華書局影印銅活字本，1934 年，第 58006 頁。

〔註 34〕（唐）李鼎祚，《周易集解》（第 17 卷）〔M〕，北京：北京市中國書店，1984 年，第 3 頁。

〔註 35〕來可私，《論語直解》〔M〕，上海：復旦大學出版社，1996 年，第 139 頁。

〔註 36〕朱彬，《禮記訓纂》〔M〕，北京：中華書局，1996 年，第 479 頁。

〔註 37〕《古今圖書集成》（第 47 冊），北京：中華書局影印銅活字本，1934 年，第 58198 頁。

內收的凹曲線與依附大地，橫向鋪開的形象特徵表達出與自然相適應、相協調的藝術觀念。

受中國傳統道家思想影響，中國傳統建築不是強力來粉碎自然，而是懂得合理利用和保護自然資源，並能巧妙詮釋生物間共生互養關係。如前所言，道家講的「道」，是介乎自然、人生之際的哲學元範疇，並認爲道是宇宙根本，所謂「道生一、一生二、二生三、三生萬物」；道是宇宙運動的規律，所謂「反者道之動」。道從自然出發，同時落實到人生，是貫融於現實人生的生活準則，所謂「道之用」，德也。宇宙之浩大、人力之微渺，道家主張「無爲」，而「以性合天」，即順應自然，因爲，「吾在天地之間，猶小石小木之在大山也」〔註 38〕。人是自然的一部分與有機構成。人與自然本來都是原樸之物，主要由於社會的道德倫理使人異化了，要求人在自然、恬淡、無爲之中回歸於自然的原樸境界，返樸歸眞，以人爲本，也就意謂著與天地萬物共生共滅。

所以，道家把返樸歸眞看作是人生的最高境界，也是文化的最高境界。它就是通過無爲而達到無不爲，是天與人的合一，這一思想在一定程度上滲入到了中國傳統建築的社會實踐之中。一般而言，道家的思想是消解社會實踐的，尤其否定先秦儒家倫理實踐的，但道家並不完全否定社會實踐，並在一定程度是肯定了社會實踐的歷史地位。因此，道家所追求的無爲而無不爲的「天人合一」的境界，應該是自然與人工和諧的境界。所以老莊主張，應「法自然」，所謂「致虛極，守靜篤」，不僅是人生境界，也是城市和園林建築的審美境界。「天下有大美而無不言」〔註 39〕，這大美，就是道，它在自然宇宙之中，也在現實人間，是人與自然的和諧統一。

由此，在對待城市、園林、建築藝術時，道家要求直探自然宇宙之「本眞」，其藝術審美精神重在自由無羈，不過那是一種遁世的「自由」。由於哲學觀念有別，儒家卻在擁擁擠擠的道德律則中尋找與建構藝術的「自由」，乃是一種入世的「自由」。儒家的「天」道德化，「人」實際上被道德化，城市、園林、建築藝術也就在這一定程度上稱爲道德倫理的特殊形象符號。因此，如果說道家所推崇的文化精神境界由於一般地超然於倫理功利而被看作比較接近於純粹的藝術境界的話，那麼儒家，卻由於過多地糾結於倫理道德而幾

〔註 38〕《莊子・秋水》。

〔註 39〕《莊子・知北遊》。

乎使其美學思想成爲一種「倫理的美學」。道家重自然（天道）而儒家重社會（人道）；一以天然勝，一以人工勝；一崇樸素，一主絢麗，均給後代中國城市和建築發展以巨大影響。

5.2.3 「雖由人作宛自天開」的園林藝術

中國古典園林是由山水、花木、建築組合而成的一個綜合環境。其間山水花木與建築水乳交融，自然環境與人工環境緊密交織。景點交錯、佈局曲折，柳暗花明中景景相扣、生機勃勃，並在其自身的歷史發展中，積澱了豐富深刻的文化內涵，具有自己獨特的藝術靈魂。它始終與人的生命活動聯繫在一起，集觀賞、娛樂及居住於一身。它承載著人們現實生活的同時，又關注著人們精神層面上的修身養性。作爲一個包容性的自然環境和人文環境，中國古典園林對人進行著具有積極倫理意義的生命關懷。中國建築與大自然關係的處理上所體現的獨特的環境意識，雖非完全自覺，但卻十分明顯。和諧於自然的環境意識，更自覺更深刻地體現在園林建築中。

中國園林最早見於史籍記載的是西周的靈囿〔註 40〕，「王在靈囿，麀鹿攸伏。」〔註 41〕中國園林都是皇家或貴族士大夫們捨出的住宅或郊外的別墅，皇家園林也是以宮館爲主的離宮爲主要形式，士大夫文人的園林則追求「園日涉以成趣」〔註 42〕，因此，這些園林以私家宅園形式出現，私家園林是士大夫的家園，皇家園林是皇帝的家園，寺廟園林是「神」及信徒的家園，反映了「家」在中國人心目中的特殊地位。究其原因，既有中國古代地理及經濟的原因，又和社會政治結構特點密切相關。

人們流連於中國園林構造的雖由人作，宛自天開的藝術境域中，品味自然之美，亦將自身融入於花木山水之中，由天地所孕育滋養，拋卻世俗紛爭，歸於自然，回覆天性，體驗著與自然宇宙融爲一體的自由。共同的主題與目標讓古典園林與「天人合一」思想自然而然地聯繫到了一起，「天人合一」思想多元的意蘊在傳統園林藝術中都有體現，並在精神層面上成爲中國古典園林藝術的審美理想。在中國園林藝術中，人們用多種方式，從不同角度表達了對「天人合一」這一理想境界的嚮往。

〔註 40〕「囿」是中國古代供帝王貴族進行狩獵、遊樂的一種園林形式。

〔註 41〕《詩・大雅・靈臺》。

〔註 42〕周維權，《中國古典園林史》〔M〕，北京：清華大學出版社，1999 年，第 16 頁。

中國古典園林因受長期封建社會歷史條件的限制，絕大部分是封閉的，即園林的四周都有圍牆，景物藏於園內。而且，除少數皇家宮苑外，園林的面積一般都比較小。要在一個不大的範圍內再現自然山水之美，最重要也是最困難的是突破空間的局限，使有限的空間表現出無限豐富的園景。在這方面，中國古典園林有很高的藝術成就，成爲中國古典園林的精華所在。一般來說，中國古典園林突破空間局限，創造豐富園景的最重要的手法，是採取曲折而自由的佈局，用劃分景區和空間、以及「借景」的辦法。這種曲折而自由的佈局，在面積較小的江南私家園林，表現得尤其突出。它們強調幽深曲折，所謂「景貴乎深，不曲不深」，講的就是這種手法。

蘇州多數園林的入口處，常用假山、小院、漏窗等作爲屏障，適當阻隔遊客的視線，使人們一進園門只是隱約地看到園景的一角，幾經曲折才能見到園內山池亭閣的全貌。以佈局緊湊、變化多端、有移步換景之妙爲特點的蘇州留園，在園門入口處就先用漏窗，來強調園內的幽深曲折。

至於劃分景區和空間的手法，則是通過巧妙地利用山水、樹木、花卉、建築等，把全園劃分爲若干個景區，各個景區都有自己的特色，同時又著重突出能體現這一園林主要特色的重點景區。頤和園在這方面很有代表性。

中國古代園林是把自然和人造的山水、花木以及建築等融爲一體的遊賞環境。它主要有三種類型：一種是面積較大，氣派宏偉的皇家園林（圓明園、頤和園、承德避暑山莊、北海）；一種是規模較小的私家園林（蘇州的拙政園、網師園、留園等）；第三種是寺觀園林。前兩種藝術成就最高，集中體現了中國古代園林藝術的特點和精華。

「江南園林甲天下，蘇州園林甲江南」，中國古典園林的精華主要集中在江南，而蘇州的古典園林又是可觀的。其中，最爲著名的拙政園、留園、獅子林、滄浪亭和網師園等。此外，在江南其他地方和北方地區，至今也保存著一些著名的古典園林，有北京的頤和園和北海，以及河北承德的避暑山莊等。

不論是南方的還是北方的古典園林，中國古典園林的園景上主要是模仿自然，即用人工的力量來建造自然的景色，本於自然而又高於自然，特別是在人工山水園的疊山、理水、植物配置方面表現尤爲突出。達到了「雖有人作，宛自天開」的藝術境界。在這個濃縮的「自然界」，「一勺代水，一拳代山」，園內的四季晨錯變化和春秋草木枯榮以及山水花木的季相變化，使人們

可以「不出城郭而獲山林之怡，身居鬧市而有林泉之樂」。拙政園很具有代表性。（如圖：5-2-2 蘇州拙政園）

5-2-2　蘇州拙政園

拙政園是我國「四大名園」之一。拙政園之所以有這麼高的知名度，一個重要的原因就是拙政園是我國民族文化遺產中的瑰寶，是江南古典園林中的佳作，其佈局設計、建築造型、書畫雕刻、花木園藝等方面都有獨到之處，被譽爲「天下園林之母」。拙政園是蘇州古典園林建築中最大的一個園林。主要以水景爲主，富於自然情趣。在佈局上顯得非常活潑，模仿自然的「自然式」的佈局。該園水的面積占全園面積的五分之三，亭榭樓閣，大半臨水，造型輕盈活潑。緊貼在水面的浮廊倚牆起伏而行，猶如遊龍戲水，浮在水面。園景摹仿自然，以人工的力量創造自然的景色，達到「雖由人作，宛自天開」，體現了中國古人尊重自然並與自然相親近的觀念。這是拙政園最美的畫面之一。

所以，蘇州園林是文化意蘊深厚的「文人寫意山水園」。古代的造園者都有很高的文化修養，能詩善畫，造園時多以畫爲本，以詩爲題，通過鑿池堆山、栽花種樹，創造出具有詩情畫意的景觀，被稱爲是「無聲的詩，立體的畫」。爲了表達園主的情趣、理想、追求，園林建築與景觀又有匾額、楹聯之類的詩文題刻，寓情於景，而在園林中遊賞，猶如在品詩，又如在賞畫，讓人觸景生情。

網師園是蘇州的另一個有名的園林。網師園分爲宅第和園林兩部分，是一座典型的江南住宅園林。此園面積較小，以精巧幽深見長。網師園中部水景的重要建築「月到風來」亭和「濯纓水閣」頗有意味。亭中橫匾「月到風來」，取自唐代韓愈的詩句「晚年秋將至，長月送風來」；遊人在這裡秋夜賞月，對景品味橫匾題詞，便可以引發出一種詩情畫意的感受。網師園的「濯纓水閣」是引用《孟子》中的「滄浪之水清兮，可以濯我纓；滄浪之水濁兮，可以濯我足」，以示其志之清高。蘇州網師園「殿春簃」：其得名是由這一景區庭院內種植芍藥花而來，因爲芍藥花開在春末，宋代詩人蘇東坡有詩云：「多謝花工憐寂寞，尚留芍藥殿春風」。「殿春」即春末，「簃」是與閣相連的小屋。所以，將庭院內留住春天的一角天地，美其名曰「殿春簃」，是很富於詩情畫意的。

正是由於文人參與園林的建設，中國古代的園林充滿了文人氣息和詩情畫意。「詩情畫意」是中國園林的精髓，也是造園藝術所追求的最高境界。爲達到這一目的。造園藝術家常利用古人詩文與造景的結合。這些充滿著書卷氣的詩文題刻與園內的建築、山水、花木自然和諧地揉和在一起，使園林的一山一水、一草一木均能產生出深遠的意境，徜徉其中，可得到心靈的陶冶和美的享受。

5.3 「天人和合」的審美觀

從中國傳統建築發展來看，尊法自然、合於天地的天、地、人三者和諧統一的思想基本上成了人們的自覺的審美意識，成了建築希望達到的一個審美理想境界。種種天人合一思想，不管是追尋天合於天的境界，還是追求天合於人的理想，其本質都在於企望合一。而且，從美學視角看，中國傳統建築倫理思想具有美學的特徵，表現在以儒家「下學上達」、道家「照之於天」、「形神統一」、「虛靜守神」、「天人合一」作爲中國傳統建築倫理思想的標準、方法和理想；注重建築設計，強調和諧統一，具有古代人道主義和人本主義精神。建築審美是一門綜合性藝術，它是建築形態與構成藝術的結合，要對建築的形式美進行分析必須從藝術審美的角度出發，包括建築的對稱與均衡、比例與穩定、節奏與韻律、對比與統一等形式美學關係。

梁思成說：「中國建築是一種象徵藝術，尤其是都城與宮殿建築，象徵之意，燦若繁星，觸目可見」。〔註 43〕而中國建築中的象徵，主要是政治意義上的。中國傳統建築裝飾作爲人類典型創造活動的產物，集技術性和藝術性爲一體，融實用性裝飾和審美性於一爐，有著深深的符號特性。建築裝飾符號

〔註 43〕梁思成，《凝動的音樂》〔M〕，天津：白花文藝出版社，1998 年，第 13 頁。

的意義是文化的象徵，它能引起人們的聯想。一切建築裝飾的意義都是出於符號的表現而產生的，如果建築裝飾失去了符號的表達精神，也就會失去它的意義。

所有的文化現象都是一種象徵記號，所謂符號，就是對感性材料的抽象並將之概括爲某種普遍的形式。黑格爾在《美學》中指出建築是「用建築材料造成的一種象徵性符號，是一種暗示一個有普遍意義的重要思想的象徵（符號），一種獨立自足的象徵。」〔註44〕由此可見，建築象徵意義是明顯的，可以使我們認清建築形式背後隱藏的另一半，這另一半恰恰是建築的意義所在。

在傳統建築的象徵表達意義手法上，一般有三種符號：一、圖像性符號，比如以圓頂建築模仿宇宙蒼穹。二、指示性符號，窗戶用來貫穿室內外的景觀，還有建築中大量功能性空間等。三、象徵性符號，如十字架代表基督等。

以符號學的觀點看，一個文化的語法往往受其深層社會結構影響，人們只有在有了強烈表達他們內在深層欲望之後才開始出現了能夠表達其意義的符號系統。但是建築往往不像語言一樣有一套嚴密邏輯的語言系統，建築一般通過地方民居文化、當地氣候調節、地方資源利用和人類各種活動等來共同反映其特定的建築語法原則。

建築學上的符號是將人們所熟悉的傳統構件加以抽象、變形和裂解，使之成爲某些帶典型意義或象徵意義的傳統符號在建築創作中拼貼運用，從而使新建築與傳統建築帶有某種聯繫。建築符號有其能指和所指的意義。能指可視爲建築的形式、空間；所指可視爲建築的內容，而建築內容受到美學觀念、社會特徵、地域特徵、民族個性的制約。

傳統建築就是中國文化象徵符號的系統代表。單個建築被看作一個點，其各種組織手法組成壯觀的建築群，它們代表了強烈的象徵符號，代表中國人的社會道德倫理，傳統儒家、道家的禮制以及天人合一的精神。中國傳統建築，大到群體建築空間形式，小到建築每一個細節、裝飾圖案和構件形式，無不充滿強烈象徵意義，比如龍的形象來辟邪和表富貴，花草表吉祥，南瓜形狀的瓜柱象徵多子多孫等。

〔註44〕（德）黑格爾，朱光潛譯，《美學》〔M〕，北京：商務印書館，2009年，第8頁。

構成藝術審美中的重要組成部分是建築中的對稱與均衡關係，可以理解爲處於中心軸兩側的形象相同或相似稱作對稱。對稱是形式美的法則之一。在中國的古建築造型中，對稱式建築是最常見的一種構成形式。例如北京故宮的房屋、大殿、天安門城樓及金水橋均採用對稱的形式。均衡是在一定數量的構成元素中，使畫面組合保持平衡的一種處理手法，它給人感覺在視覺形態上產生安定感。水平對稱給人產生平穩安定感，垂直中心對稱式建築，安定感更強。在視覺上建築物及其裝飾的對稱視覺心理爲：大爲重、小爲輕；多爲重、少爲輕；暗爲重、亮爲輕；粗糙爲重、光潔爲輕等等。對稱建築物在前後、左右、上下之間的關係特點是給人以平衡穩定的視覺審美感覺。構成藝術中點的概念是相對的，建築設計中的點是相對於建築中的線或面而存在的一個概念。比如：窗戶在整體建築中扮演著點的角色，而單體建築又是整座城市中的點；再比如人站在花壇中，充當了點的作用，而花壇又是廣場中的點等等。從建築視覺上來看，建築中點的位置、數量、排列次序構成了建築中不同的形態特徵並傳達出不同的情感。比如牆中凹入的空虛部分。建築形態中點的性質是可以相互轉變的，例如：在我國古建築中那些高而大的紅漆大門上的鉚釘，就是由其功能性演變成裝飾性的實點，再如現代建築牆面上懸掛的徽章、標誌都是建築形態中點的形式符號。

中國傳統建築審美觀極其偉大的精髓在於：按照系統的思想，把人的建築活動這一子系統納入宇宙自然這一母系統，依據子系統重演母系統的原理，將判斷美醜、善惡、是非等一切人類活動的美學倫理學標準同樣歸結爲自然運動根本規律的「宇宙天道」。按此標準，一個建築，凡符合表述自然存在狀況和發展軌迹的「易理」，即爲美，反之則不美。

縱觀中國傳統建築，始終是「天人合一」與「禮法、宗法制度」的聯合體現，「天人合一」追求自然，「禮法、宗法制度」注重等級制和規矩，可以說從未能與古代中國人的社會生產實踐包括建築實踐脫離干係，中國傳統建築是在特定的情況下把材料形式和當地的倫理道德等有機、完善地結合成爲一種模式。中國傳統宇宙自然觀或時空意識中的天地，同人自身和建築本體達成的是一種既具有理念認知意味又具有感性象徵意味的天人合一。總之，天地人合一的建築思想深植中國傳統建築中，是中國傳統建築的核心思想，是中國人的倫理觀、審美觀、價值觀和自然觀的深刻體現。

第六章　中國傳統建築倫理思想總評

歷史悠久、源遠流長，自成體系、獨具一格，以及自古以來奔騰不息的文脈進程，構成了中國傳統建築之偉大的倫理旋律。在悠久燦爛的歷史奔流中，中國傳統建築的崇高意象，作爲中國倫理文化之典型的物質載體，在中華悠遠而廣闊的土地上，折射出壯麗而獨特的人倫之美。它具有「嚴肅的倫理思想」〔註 1〕，體現著以倫理政治爲目的的對人生的不懈追求。它在獨具一格的土木結構、高超技藝與絕美的藝術風韻之中，成就了莊重典雅的理性品格和磅礴大氣的倫理之思。

6.1 中國傳統建築倫理思想的理論特色及其局限性

中國傳統建築的價值，不僅在於其特殊的外在形式上，更重要的是由此而表達的豐富的倫理文化內涵。對待中國傳統建築所蘊含的倫理思想，我們的正確態度應是既不宣揚採取虛無主義的態度加以簡單地否定，也不宣揚只停留在其外在形式上，做一些盲目的模仿或隨心所欲的組合。認眞地研究和探討中國傳統建築深刻的倫理內涵，繼承和發展中國傳統建築的優良文化傳統，並融合外來建築文化之長，可以爲創造新時代的中國建築開拓思路，可以爲新時代中國建築理論提供倫理導向。

6.1.1 中國傳統建築倫理思想的理論特色

中國傳統建築倫理思想的理論特色，筆者以爲主要表現在以下幾個方面。

〔註 1〕 王振復，《中華建築的文化歷程》〔M〕，上海：上海人民出版社，2006 年，第 2 頁。

其一，人與自然的和諧關係，天人合一的時空意識。中國古代不但有獨特的社會和人生觀、文化和藝術觀，還有獨特的自然觀和時空觀。這種與西方迥異的自然和時空的觀念也在建築上充分地表述出來。時下，人們所處的環境問題已經引起了全球性的關注。眾多研究者們提出了一系列的生態環境理論，號召人們重視環境建設，保護環境。這就是人與自然的關係問題。作爲人工產物的中國傳統建築倫理，是歷代中國人與自然界相互親密作用的成果。它所傳達的是一種中國人所特有的精神信息，體現了建構於東方土地上的專屬建築倫理文化。中國傳統建築的倫理性格，就是在人與自然的親和關係中培養、塑造而成的。

而在古代西方，人與自然的關係通常是偏於對立的。西方建築倫理觀念中的邏輯起點是天人相分、天人對立，在天人關係即自然與人的關係中，加進了「上帝這一個複雜而極富文化魅力的文化因素」。〔註 2〕伊甸園中亞當、夏娃偷食禁果而犯下「原罪」，這「原罪」在古代西方人的文化心靈中，是人所永遠無法償還的人對自然所欠下的一筆「孽債」。上帝這一「文化偶像」的創造，是巨大而盲目的自然力量與自然規律在他們心靈中的異化體現。上帝成爲人與自然的原初對立的一個證明。人對上帝的膜拜，實際上是人對處於不平等地位與對立之關係中的「自然」崇拜。因而，西方建築所體現的倫理文化，可看作是人強制性地佔有、征服與人處於對立關係中的自然。並把這種佔有與征服看作是人依靠自身努力和上帝幫助而最終把握了人與自然原初對立的和解。

由此可見，西方建築倫理思想的邏輯發展，是從天人對立，經過人爲努力和上帝的幫助與關懷，最終達到天人合一。這種人與自然原初對立的倫理發展脈絡，極大地影響了古代西方以古希臘爲代表的建築倫理性格的構建。由此，古希臘的神廟建築與宣揚神性之崇高偉大的古希臘神話、悲劇、荷馬史詩相一致，無論是在技術和藝術水平上，都達到了一個無與倫比的高度，創造了無數的建築奇迹，體現了上帝與人、自然與人的最終統一。但是，神廟建築在倫理觀念與建造觀念上又是那樣的「冷淡」自然因素，也就不可避免地體現了人與上帝、人與自然的對立與緊張。

與西方不同，中國人一向有「親地」的傾向，將大自然喻爲自己的「母

〔註 2〕王振復，《中華建築的文化歷程》〔M〕，上海：上海人民出版社，2006 年，第 3 頁。

親」、「故鄉」，在倫理觀念中認爲人與自然本是血肉相連，唇齒相依。天人合一思想由此在中國人的傳統觀念中根深蒂固，成爲中國文化思想一大特色。《易經》關於天地人「三才」之論與老莊的「道法自然」、「返樸歸眞」等哲理莫不如此。漢代董仲舒言：「以類合之，天人一也」〔註3〕。宋代程明道稱：「天人本無二，不必言合」〔註4〕。皆是天人合一思想源遠流長的證明。這一思想影響到中國傳統建築，使其令人驚異地體現出了「宇宙即建築，建築即宇宙」〔註5〕的深邃時空意識。中國傳統建築的時空意識是一種古已有之的，人與自然和諧相處的建築理論意識。因爲，從自然宇宙角度看，天地是一座天然的建築，供人類生存繁衍；從人工建造角度看，中國傳統建築都是師法自然宇宙，從大自然「母親」中汲取養分。明代計成《園治》將「雖由人作，宛自天開」看作中華園林文化的最高審美理想。其實，這也道出了中國傳統建築倫理基於天人合一思想的最高理想境界。中國人從不把自然與人對立起來，也從不討論人能不能離開自然，而是認爲人就是自然，人與自然同一。從而把建築這種飽含倫理意蘊的人造文化看作大自然的有機延伸，又將大自然看作建築的文化母體。

其二，遠於宗教與近於倫理。梁漱溟曾言：「中國人卻是世界上唯一淡於宗教，遠於宗教，可稱『非宗教的民族』。」〔註6〕這句話在一定的程度上道出了中國人一向獨具的所謂遠於宗教而近於倫理的文化傳統。

雖然，中國傳統建築與古代宗教觀也有密切的關係。但自古以來，中國人對宗教似乎都有一種天生的淡漠。儒學作爲中國傳統文化的主流，有時也被稱爲儒教，但實質上其宗教色彩極少。孔子說「天何言哉？四時行焉，百物生焉，天何言哉！」〔註7〕意思是說，天不是什麼神明，世界只是它自身，不爲神明主宰。春夏秋冬周而復始，大地萬物生生滅滅，只是自然規律而已。因此，古代中國只有崇天和崇祖的宗教形態，宗教建築形式也多以祠廟的形式出現，緊緊地與現實社會倫理結合。我們再看，所謂中國土生土長的道教尊老子爲教主，而老子首先是先秦道家哲學的創始者，所以道教在中國傳統

〔註3〕《春秋繁露・陰陽義》。
〔註4〕《語錄》二上。
〔註5〕王振復，《中華建築的文化歷程》〔M〕，上海：上海人民出版社，2006年，第3頁。
〔註6〕梁漱溟，《東方學術概觀》〔M〕，成都：巴蜀書社，1986年，第68頁。
〔註7〕《論語・陽貨》。

建築倫理思想上的地位與影響，遠不及作爲哲學文化的老莊道學。印度佛教在兩漢之際傳入中國，對中國傳統建築文化的影響深遠而巨大。但是到了唐代來自印度的佛教文化就被中國傳統儒、釋、道文化所融會而徹底的「中國化」了。中華文化的這種博大的融合力量表現在中國傳統建築上，便是作爲政治、倫理文化之象徵的宮殿建築的持久存在和輝煌歷史。以古希臘爲主要文化傳統的西方古代建築基本上是由神廟和教堂構成的，而古代中國偉大建築的主旋律則是氣勢磅礴的宮殿及帝王陵墓等。如秦朝的阿房宮、漢代的未央宮、唐朝的大明宮及現存最完整的明清北京紫禁城等。而那些大量的「中國化」了的寺塔與石窟，無論是在時空意識、建築觀念、平面佈局與立面造型等方面，總體上都映像著中國傳統建築倫理的深刻關懷與浸潤。所以，中國傳統建築無疑具有「遠於宗教」的倫理特色。

「遠於宗教」的文化傳統雖然使得中國傳統建築少了幾分宗教的神秘色彩，但同時又使其煥發出另一種獨特的迷人魅力，即更加入了文化的倫理色彩。在中國傳統建築文化上，倫理文化的充分展開填補了因遠於宗教而留下的精神空域。遠於宗教者，必然近於倫理。「以倫理代宗教，正是整個中華文化的基本品格之一。」〔註 8〕試看一下，中國的宮殿、壇廟、寺院、陵寢、民居、園林建築以及斗拱、臺基和屋頂裝飾等等，無一不是或明或暗、或強或弱地體現了一定的倫理觀念主題，滲融著一定的倫理文化因素。這就是以倫理代宗教的文化傳統在中國傳統建築上的鮮明表徵。

有的學者甚至認爲：「某種意義上可以這樣說，中華建築是一部展開於東方大地的倫理學的『鴻篇巨製』，是倫理的宗教化與審美化，這是因爲東方倫理在一定程度上代替了宗教，充當了『準宗教』角色，成爲人生『終極關懷』的緣故。」〔註 9〕這種看法是有一定道理的。在古代中國城市、宮殿、陵墓甚至民居之類的建築造型、位置與裝飾中，幾乎到處可見到強烈的政治、倫理色彩。梁思成曾指出，中國建築文化具有「不求原物長存」〔註 10〕的文化觀念，熱衷於建築物毀壞之後的重建而忽視建築古迹的保護。這一觀點從中國

〔註 8〕王振復，《中華建築的文化歷程》〔M〕，上海：上海人民出版社，2006 年，第 6 頁。

〔註 9〕王振復，《中華建築的文化歷程》〔M〕，上海：上海人民出版社，2006 年，第 7 頁。

〔註 10〕梁思成，《梁思成文集》（三）〔M〕，北京：中國建築工業出版社，1982 年，第 11 頁。

人「遠於宗教」的倫理文化觀念上也可以獲得解釋。中國人普遍地缺乏西方古代那種宗教神聖的文化信念，於是不會把建築古物、原物看得如宗教偶像那樣的神聖，而是熱衷於重建。這種重建，在中國人看來並不是對某種宗教的皈依，而是對重建之建築物形象所傳達的倫理傳統的重新認同。

其三，「禮」與「樂」的結合，重理與通情的統一。中國傳統建築理念的親和大自然及遠於宗教與近於倫理，不僅體現出建築的理性精神，表達著對「禮」的堅決維護，而且洋溢著長於抒情的藝術風格，展現出對「樂」的執著追求。

一方面，中國傳統建築是重理的。如上所述，中國文化傳統的基本品格之一是對宗教的疏離與對倫理的相對親近。這一基本品格，使得中國傳統建築少了些來自宗教的狂熱和迷亂，不會執著地建造像西歐中世紀那樣的教堂尖頂，去追求西方「巴洛克」建築那般失去理智的空間意象與風格，而是熱衷於使建築群體向地面四處作有序的鋪開，即使是宗教建築比如道觀、寺廟的立面與平面設計以及彩繪、裝飾之類，其空間意象也往往顯得冷靜與平和。這種建築空間與平面佈局的有序性，是中國傳統風水地理在地面上對建築個體與群體組合的規制，象徵著嚴肅而寧和的人間倫理秩序。這種清醒而濃烈的世俗理性精神，愈到後世愈有強勢發展。例如，宋代的《營造法式》與清代的《工程做法則例》是建築理論著作中的代表作，其規定了十分嚴厲的「材分模數制」與一系列的建築工程「做法」。從建築技術科學所達到的高度看，可以說是浸透了倫理精神的中國傳統建築理性思維的體現。我們可更進一步地認為，雖然在具體的建築實踐中，未必每座建築設計都完完全全地遵照這些法則去做，但以倫理原則為最高的文化思維尺度，確實是中國傳統建築的特色之一。

另一方面，中國傳統建築倫理，不僅重理，而且通情，是「禮」與「樂」的和諧統一。從某種意義上說，「禮」與「樂」的統一，即是倫理規範、實用理性與訴諸情感的藝術和審美的統一，是「內在的令人意志整肅、發人深思的自然哲學與外在的令人精神愉悅的情感形式的和諧，是天理與人欲的同時滿足。」〔註 11〕中國傳統建築的存在是多樣化的，既有群體組合又有個體存在，加之每種建築的建築平面、立面牆體、屋頂、屋架、斗拱以及美

〔註 11〕王振復，《中華建築的文化歷程》〔M〕，上海：上海人民出版社，2006 年，第 12 頁。

輪美奐的裝飾藝術樣式，讓人目不暇接，驚歎不已。但是，不管它們怎樣的爭奇鬥豔，都在不同程度上達到了理與情的和諧共生。情與理的交匯已完全融入了中華建築的生命之中，也許有的重理一些，有的重情一些，但絕不會「無情」或「無理」，而只是「情感積澱爲理性，理性宣泄爲情感」〔註 12〕罷了。

其四，中國傳統建築藝術性中的功利特質。有學者言：「中國古代幾乎所有的藝術文化都與功利相結合。」〔註 13〕中國傳統建築的藝術性也不例外。當然，這種功利是廣義性的，與我們講的獨立形式美並不矛盾。例如，中國江南水鄉居民的白牆黑瓦，還有中國古代居民中許多木雕、磚雕、石雕，看起來是藝術裝飾，但實質是出於功利、倫理的目的。這些雕刻的涵意豐富多樣，如「桃園三結義」、「將相和」、「二十四孝」等，教育人們要按五常（仁、義、禮、智、信）的要求去做人行事。還有一些是用來討吉利的建築圖案，如：雙魚吉慶，壽比南山、鹿鶴同春、如意、和合等等。這些教育、功利的內容是前提和首要目的，其次才考慮做得漂亮好看。

中國古代有許多建造精美、飾物講究的建築，看起來令人賞心悅目，容易讓人覺得是純觀賞之用。實質上其首要的目的在精神功能，尤其是倫理的教化功能。如在一些古代建築上，屋脊兩端各立吻獸。這種吻獸是龍的變形，龍是中國古代眾多圖騰中最受重視和最被廣泛認可的一個。龍是能送水滅火，降水造福的，同時也會鬧水災，所以在屋脊上還要立劍，意爲降龍，不讓它起危害百姓的一面。這只是就實用來說，此外還有倫理教化的功用。如北京故宮太和殿屋角上的走獸數量有十個，意味著無上尊嚴與不可侵犯之意。

所以，中國古代建築的藝術性有自己獨特的性質與特徵。我們在作解讀時，切不可片面孤立地進行審美分析，亦不可單純用西方的美學和藝術觀強加在中國傳統建築的藝術上。精神功能、倫理教化作用始終是中國傳統建築的所承擔的一大任務，反之，也使中國傳統建築的倫理色彩更加濃鬱。

總之，中國傳統建築倫理思想的特色，表現爲觀念上的「天人合一」，具有人與自然相親和的特點。同時，中國傳統建築在一般地接受儒、釋、道文

〔註 12〕王振復，《中華建築的文化歷程》〔M〕，上海：上海人民出版社，2006 年，第 12 頁。

〔註 13〕沈福煦，《中國古代建築文化史》〔M〕，上海：上海古籍出版社，2001 年，第 11 頁。

化思想影響的文化歷程中，更多地受到了儒家文化的薰陶與浸潤，體現了以倫理代宗教的強烈的政治倫理特色。由此可知，中國傳統建築所展現的倫理品格、倫理特色是在中華文化漫長而恢宏的發展歷程中得以逐漸生成和發展的。

6.1.2 中國傳統建築倫理思想的局限性

我國傳統建築文化歷史悠久，源遠流長，有著光輝燦爛的成就。這種「成就」主要是在中國幾千年的封建社會文化尤其是傳統儒家文化的長期影響下形成的。所以，中國這種建築文化的「特徵明顯而穩定」。〔註 14〕雖然也處於不斷變化發展之中，但由於文化背景和歷史的原因，並不像西方建築文化那樣具有明顯的階段性。在有些學者看來，這是一種文化的超穩定性所致。但我們認爲，就中國傳統建築倫理文化而言，主要是由於：一、中國封建社會延續的歷史朝代太多、時間太長。世界史上沒有哪一個國家或民族像中國那樣獨佔兩千多年封建社會時間。一個國家長期處於同一種社會形態之中，必然使其社會生活的各個方面的特徵都呈現出一定的穩定性，這也包括建築倫理文化。二、建築技術發展緩慢。這主要是與西方建築技術相比較而言。當然，中國古代建築在世界建築中獨樹一幟，是世界上最長壽的建築體系，可謂是世界建築史上的一顆明珠。但就建築技術科學性和發展的速度而言，還是較西方落後且緩慢，這是必須得承認的。這也使得建築在反映倫理文化上會受到一定的影響。三、建築倫理功能沒有明顯改變。這也與中國幾千年的封建傳統密切相關。〔註 15〕所以，中國傳統建築的倫理思想幾千年一以貫之，一氣呵成。一方面，使中國傳統建築的類型特色異常鮮明。例如城市、宮殿、寺廟、宅第等，比較充分地體現了以儒家思想爲代表的倫理道德觀念和封建等級制度，其佈局多呈對稱和四合院的形式，並因時、因地、因人而呈現出豐富多彩的變化。另一方面，又總讓人感覺階段性發展不夠，比較程式化，表現出來的「類型特色」也是大同小異。更讓人看到了，雖然中國的儒家思想也講禮樂，但卻具有相當濃厚的理性的色彩，而且其對思想的禁錮與束縛也是顯而易見。

〔註 14〕傅熹年，《中國古代建築十論》（自序）〔M〕，上海：復旦大學出版社，2004 年，第 1 頁。

〔註 15〕趙豔君，《傳統建築與現代建築的交匯》〔J〕，《山西建築》，2006 年第 24 期，第 26～27 頁。

此外，從中國另一類傳統建築中我們也可看出其表現的傳統倫理思想是精粹與局限並存。這就是中國傳統的園林、聚落、民居等。這類傳統建築與中國傳統的城市、宮殿不同，較多地體現了道家的崇尚自然、返樸歸眞、重山林風水的思想。其佈局不拘一格，具有很大的隨機性和靈活性。特別是享有世界聲譽的中國園林，具備中國其它傳統建築中少有的浪漫色彩，不僅在佈局和手法上不拘一格，而且還刻意於營造環境氛圍和追求意境，從而達到詩情畫意般的境界。其在許多方面竟然趕上了當代西方所推崇的一些建築觀念，另人稱奇。以至於西方有的學者指出：「我們相信，我們正朝著一個新的綜合前進，朝著一個新的自然主義前進。也許我們最終能夠把西方的傳統（帶著它對實驗和定量表述的強調）與中國傳統（帶著它那自發的、自組織的世界觀）結合起來」。〔註16〕這是在仔細地對比了中西兩種不同文化傳統特徵後審慎地提出來的帶有結論性的意見。他看到中國傳統文化精粹的、前瞻性的一面，值得我們好好深思。無獨有偶，中國另一個曾對中西文化做過深入研究的著名學者梁漱溟先生也曾論述過中國傳統文化的這一特徵。他以批判的眼光，把這種現象看成是「文化的早熟」，是一種在主客觀條件都沒達到的時候「跑出來」的一種「超前」的思想，具有先天發育不充分的特點，像一個早產的嬰兒。梁漱溟先生的這一獨到見解，以批判的態度審視了中國傳統文化的局限性所在，同樣值得我們深思。這種「局限」也必然影射到中國傳統建築上，而致中國傳統建築所蘊含的傳統倫理思想具有一定的局限性。

當然，我們也完全沒有必要過分誇大中國傳統建築倫理思想的這種局限性。正如目前，在某些「西化論」者的心目中那樣，總誇大自身的局限性，總認爲我們什麼都落後於西方，要現代化、全球化就得學西方。這其實是一種對中國傳統文化極端不負責任的態度。殊不知西方的某些學者卻早已把眼光轉向中國的古代文明，並試圖從中尋求啓迪。正如中國傳統建築文化所具備的優勢（當然也包含傳統建築倫理文化的優勢）已被一些西方學者所注意到，並把其作爲「克服西方機械性和理性主義哲學思想局限性以討回人性」〔註17〕的一個良方。人家尚且如此，我們又何必尾隨在人家後面，亦步亦趨

〔註16〕伊・普里戈金著，沈小峰譯，《從混沌到有秩》〔M〕，上海：上海譯文出版社，1996年，第251頁。

〔註17〕彭一剛，《傳統建築文化與當代建築創新》〔J〕，《中國科學院院刊》，1997年

地爬行呢？所以，我們定要看到不同文化之間的互補性，中國文化可以補償西方的不足，克服它的機械性和形而上學性，但同樣也需要西方的補償，增強自身的科學性。看來，沒有哪一種文化是絕對的好，也沒有哪一種文化是絕對的壞，總是精粹與局限並存。

6.2 中國傳統建築倫理思想在當代建築實踐中的現實價值

中國傳統建築源遠流長、從未中斷，是世界上最長壽的建築體系，在長期歷史發展中取得了很多重大成果。這主要得益於中國古典建築藝術植根於深厚的中國傳統文化，表現出鮮明的傳承特點、優厚的倫理養分和很強的集聚特點等。所以，在當代建築實踐中，我們應當注重中國古典建築藝術的影響和運用，積極地發掘和繼承中國古典建築藝術的精神實質和倫理實質，將它傳承到我們當代的建築理論、建築設計和建築實踐中去。

6.2.1 中國當代建築實踐之倫理缺失

建築實踐的倫理性應是以「人」爲中心的價值體系的建構，被賦予如何處理人與自然、人與人、人與社會、人與自我之間關係的內容。然而長久以來，人們在高度發達的物化時代，一方面奮力創造並極度依賴自己所設計的物質世界，一方面卻是對於現代建築實踐的情感與倫理的深度缺失。西方的一些學者早在上世紀早期就呼籲過，設計師、建築師的根本在於注重建築實踐的社會價值和倫理價值，強調建築實踐應該爲廣大人民服務，爲保護地球有限資源服務。〔註 18〕當前，中國社會已經在環境、資源等領域發生重大改變，我們深深感受到生活在當下時代所面臨的困境。中國當代的建築實踐不僅僅是設計師、建築師的審美問題，而是關係到人們日常生活和社會思考的問題，是一個嚴肅的倫理問題。從目前看，中國當代建築實踐的倫理缺失主要體現在以下幾個方面。

首先，區域建築文化特色逐漸消失，獨特的傳統歷史風貌越來越少。很

第 2 期，第 85～87 頁。

〔註 18〕美國設計理論家維克多·巴巴納克（Victor Papanek），早在 20 世紀 60 年代末出版的專著《爲眞實世界而設計》（Design for the real world）中就提出過類似的觀點。

久以前就聽過這樣一種說法，有些外國友人認爲，現在來中國旅遊只去一個城市就可以了，因爲其他地方都是一樣的！眞是無法想像啊！如中國這樣一個有著幾千年文明歷史、多民族聚居和廣袤疆土的國家居然會讓外國人產生這樣的看法。確實，中國現在的城市是變高了、變齊整了，也可以說是「現代化」了。但看久了，總覺得是一排排「標準化的火柴盒」〔註 19〕，而我們付出的代價卻是永遠也不會再現的千姿百態的區域性歷史風貌。人們生活空間從四合院、大雜院變爲千篇一律的公寓，從互相依存變爲對門不相識的私密獨立。「遠親不如近鄰」這句古語已不再適用。這種湮滅歷史、不顧民生的改造與規劃正在剝奪中國建築的人文氣息和人倫關係。北京古老的胡同、四合院，上海的弄堂、老院落，今後我們也許只能在書籍與影視中才能看到。我們的城市一擴再擴，我們的鄉村一改再改，普通百姓的生活空間、人際交往和人情關懷卻在變窄、變疏、變淡。以至於我們都很害怕哪個古迹、古鎮、古村被發現被開發，因爲一旦開發的地方，人爲改造必定破壞歷史的痕迹！我們哪裏還能去找尋傳統建築那份古老的人文情懷和倫理蘊味。

其次，人與自然關係緊張。隨著科學技術的日新月異，人類的改造能力也不斷加強。體現在建築實踐上，是我們建築越建越高、地基越挖越深、建築體越來越巨無霸，只有想不到的建築沒有建不成的建築。數量也是急劇上漲，沒有地方了占林地、草地、耕地、鏟坡挖山甚或佔據古建築用地，不斷向大地索取，不斷向大自然進軍。致使人與自然的關係在建築實踐上也日益緊張、惡化、異化。馬克思在深刻地揭示「異化」問題時曾指出，「把一切現實的關係都宣佈爲異化的」，無疑會把「這些關係和現實的個人都變成關於異化的完全抽象的詞句」。〔註 20〕現在人們的生活觀念已經隨技術的進步，改造能力的進步而被「異化」。尤其是城市成爲顯示「成就」的地方，市民生活被損害，人與自然的關係被顚倒。我們把自然的山坡改造，鋪上水泥、造上假山建成水泥公園，我們把自然的湖泊填掉，建上學校、超市和醫院等。正如英國人類學家 D·莫里斯所說：「現代生活條件與動物園的情況相類。動物園當然可以保障一定程度的安全，但這種安全是付出了昂貴代價換來的。」

〔註 19〕 華承軍，《中國古典建築設計對於現代城市建築設計倫理的啓示》〔J〕，《藝術與設計》，2008 年第 10 期，第 95～97 頁。

〔註 20〕 中共中央馬克思恩格斯列寧斯大林著作編譯局譯，《馬克思恩格斯全集》（第 3 卷）〔M〕，北京：人民出版社，1960 年，第 689 頁。

〔註 21〕這並非危言聳聽，如果我們再不善待大自然，與其和諧相處，我們可能連「動物園」都住不成。

最後，模式化小區對個人生活與公共生活的逐漸分離。城市化是中國現代化進程中的一大趨勢，總體上在推動著中國走向繁榮富強的道路。但城市化過程中一些過度現象也是值得我們擔憂的，在全國各地普遍存在的模式化小區就是一例。這種模式化小區都是圍牆、保安、高層、獨門獨戶，甚至連家庭裝修風格、審美取向都趨於一致。人們的生活空間和交往空間已經被急劇壓縮，絕對的私密已經杜絕了人際交往的可能性，交往聚會大多在公共營業性場所，個人與公共空間更加分離。由於交流的缺乏、情感性的缺失，人與人之間的隔閡、代溝明顯加劇。我們所熟知的街道及其生活方式正在死亡。本來，我們是不能也沒有權利「拆遷」歷史的，然而我們的歷史卻正在被無情地「拆遷」。一些商人爲了追求自身利益的最大化不會主動對歷史和傳統負責，他們的一些不當行爲正在促成不良的建築區域形成。偉大的哲學家把他們的思想寫在書裏面，而偉大的建築師把他的哲學寫在大地上。我們需要延續優秀的傳統、精深的建築文脈，而有歷史的厚度、文化的溫度和濃濃的人情味的地方才是眞正適宜人類安居樂業的所在。

6.2.2 中國傳統建築倫理思想對當代建築實踐的啓示

梁思成先生說：「建築之規模、形體、工程、藝術之嬗遞演變，乃其民族特殊文化興衰潮汐之映影，一國、一族之建築適反鑒其物質、精神繼往開來之面貌」〔註 22〕。也就是說，一國、一族的建築可視爲是其精神文明的綜合體現物，一國、一族建築的歷史也可視爲是反映了其精神文明發展的軌迹。19 世紀後半期以來，由於西方現代建築思想的傳入，使中國設計師往往忽視中國古典建築實踐的重大貢獻。然而事實卻是，當今的一些西方著名建築大師，都坦承他們的創作來自歷史經驗的重要啓示。所以說任何一個國家的建築在當代轉化的進程中，都離不開傳統建築文化思想的影響，都離不開對傳統的繼承與創新。只有從悠久的建築文化傳統中汲取營養精華，從本質上重新尋求本民族傳統建築和當代建築的結合點，才可能形成具有中國特色的當代建築。由此可知，中國古典建築藝術及其倫理精神就能給予當代建築實踐

〔註 21〕阿·穆·卡利姆斯基，《社會生物主義》〔M〕，北京：東方出版社，1987 年，第 214 頁。

〔註 22〕《梁思成文集》（三）〔M〕，北京：中國建築工業出版社，1982 年，第 42 頁。

以有益的啓示。

其一，人與自然和諧共融的建築文化品格

建築是人的居住環境，是人的物質需要與情感需求，是人的生存本身，要達到這種需求，當然要學會與自然相處。我們的古人就非常懂得人與自然的和諧共融，並把這一思想很好地運用到了建築身上。例如古人善用風水觀念和方法來處理人跟自然環境的關係，包含著樸素的環境生態學的觀念。眾所周知，諸葛村是三國時期諸葛亮後裔的聚居地，至今保存完好。此村坐落於蘭溪市高隆以西，因處於 8 座連成弧形的小山包圍之中，俗稱「八卦村」。村中經過精心規劃，以池塘爲中心，村道呈放射狀，四周拱衛著大公堂、懷德堂等樓宇建築，組成了「九宮八卦」圖形的迷宮式建築群，有很強的防衛功能。這即是古人因地制宜的建築觀念的生動體現。李漁在《閒情偶寄》中也曾主張「因地制宜之法：高者建屋，卑者建樓，一法也；卑者疊石爲山，高處俊水爲池，二法也」，主張園林建築「開窗莫妙於借景」，使「一日之內，現出百千萬幅佳山佳水」，〔註 23〕傳達了中國傳統民居室內裝修方面亦可借助於大自然之妙的見解。中國古代的園林建築尤其體現了人與自然的和諧共融，體現了古人的審美和情趣。如蘇州園林，建築的設計建造者在有限的空間內，將空間化整爲零，改變地勢起伏，通過疊石、引水、植樹、栽花等營造曲徑通幽的意趣，融合詩、書、畫於文化氛圍的營造，欣賞起來就是一幅「詩中有畫，畫中有詩」的人與自然和融的絕妙風景畫。傳統建築這種具有整體性思維的環境觀啓示我們在進行建築實踐時，不僅要吸收和借鑒西方建築領域先進的科技手段，更要發掘中國傳統建築環境觀中人與自然和諧共融的現代價值，整體把握建築中的形式特點、裝飾風格以及實用功能。

其二，以和爲美、構建和諧城鄉建築

城鄉建築是城鄉文化和諧、和美的具體表現，包括城鄉的文化精神和倫理底蘊。城鄉文化精神和倫理底蘊的塑造與培育包括城市和鄉村的面積、佈局、環境以及自然、人文景觀。例如，古代城市的平面佈局是根據人文理念以及具體的道路、河流、山脈等自然條件進行的設計。經考古發掘證明，唐代長安面積有 84 平方公里，是古代世界面積最大的城市之一（古羅馬面積只

〔註 23〕（清）李漁著，李樹林譯，《閒情偶寄》〔M〕，重慶：重慶出版社，2000 年，第 181 頁。

有 11 平方公里），是典型的井字型平面佈局。在城的最裏面是回字型宮城，象徵著政治中心；王城在宮城外，接著是內城、城牆、護城河、郊、野等。城市建築彰顯著這個城市的世界觀和修養，表達著以和爲美的城市文化品格和倫理意蘊。中國傳統建築中這種以和爲美，建造和諧建築的思想豐富而渾厚。《宅經》說：「宅者，人之本。人因宅而立，宅因人得存。人宅相扶，感通天地。」講的也是這個意思。在現實中，設計師、建築師等參與到建築實踐中的人就應該爲構建和諧建築而努力。這包括建築設計要體現以人爲本，爲大眾、爲社會服務的宗旨，使房子能夠讓大多數人住得起、住得好、住得久。還要注意建築與自然、與人、與社會的和諧，不搞破壞自然環境的建築，不造危害人安全的建築，不建鋪張浪費的建築。

其三，以思想詮釋建築、以德爲美的建築倫理觀念

王振復教授說「我們看到的城市建築物的物質形態，只是淺層的東西，建築所體現的藝術，所展示的理念和精神，才眞正具有深度」。現代城鄉建築設計就需要體現中華民族的審美態度和文化理想。〔註 24〕因爲，作爲建築實踐的最終成果——一個具體的建築物，對於觀眾、普通民眾來說只是可供欣賞的一件作品、一個簡單的事實，表現的是「是什麼」；而對於整個建築界乃至建築發展史來說，其所展現的應該是建築思想與理念，其解決的是「爲什麼」的問題。建築實踐者應該也必須學會用思想去詮釋自己的作品，如柯布西耶提出的「走向新建築」，賴特的「有機建築」，再到日本以黑川紀章爲代表的「新陳代謝」運動，背後無不是以建築思想作爲指導。所以說，一個沒有思想的建築是沒有生命力的，一個沒有倫理底蘊的建築也是沒有生命力的。建築實踐者除了要做到以思想詮釋建築，還應秉持以德爲美的建築倫理觀念。古史有記載，楚靈王在章華之臺問武舉：「臺美嗎？」武舉答道：對百姓有益的，至少是無害的，才能算是美。如果「自觀」就是美的話，那就要建高大雄偉的建築並雕梁畫棟，這樣必定浪費國家的錢財，讓民窮困無以爲生，還有什麼美可言的呢？〔註 25〕孔子提出了「以德爲美」的儒家美學觀，從個人的修養和道德方面來樹立美學的根基，成爲根植於兩千多年中國民眾審美心理標準之一。

〔註 24〕王振復，《中國建築藝術論》〔M〕，山西：山西教育出版社，2001 年，第 156 頁。

〔註 25〕《國語・楚語上》。

6.3 中國傳統建築倫理思想的繼承與創新

繼承與創新有著密不可分的關係。創新是推動社會各方面向前發展的動力，任何一種創新所帶來的新事物隨時間的推移將會成爲傳統，而這個傳統在繼承的同時又會被另一個創新所打破，創新與繼承成爲建築倫理思想發展的兩條動力線。

在我們有著輝煌燦爛古建築文化傳統的國家裏，如何繼承和汲取傳統建築文化的精神，「創造出具有時代性和民族性的建築新風格」〔註26〕，是歷史賦予建築實踐者的時代重任，是當代中國建築實踐者所肩負的歷史使命和社會職責，也是中國建築走向世界的必由之路。爲此，一方面要研究當代世界建築思潮，同時更要注重我國傳統建築倫理文化的繼承與創新。

6.3.1 中國傳統建築倫理思想的繼承與創新

建築是人類物質文明與精神文明的產品，它本身就代表了一種文化類型。建築的社會文明價值，是建築的品質與精神，是建築爲社會創造的總的生活模式和生活情境的人文寫照。建築是文化的載體，建築的文化意味既有物質文化方面的屬性也有精神文化方面的屬性以及藝術文化方面的屬性。我們這裡著重是關注如何繼承與創新傳統建築中所滲透的來自哲學、宗教、民族意識、民俗風情等方面的倫理思想。在構成建築文化的諸多因素中，一方面具有相對穩定的因素，如建築所在地區的氣候、地理條件，人們的生活習慣、民族意識等，這些相對穩定的因素決定了傳統建築文化的繼承與延續；另一方面，又具有相對活躍的因素，如經濟發展，建築功能與建築技術革新等，這些相對不穩定的因素決定了傳統建築文化的變革與創新。「傳統是創新的基石與出發點，是創新的助力與財富。創新是傳統基因變異的飛躍，是傳統的多層次、多方位的突破。」〔註 27〕傳統建築文化的繼承與創新，使建築的內在精神和外在風格得以延續。傳統建築文化繼承與創新，就是在現代建築創作中，把上述傳統建築文化的內涵精神，與現代建築的環境、功能、技術等因素結合起來，從而使傳統建築文化的風格與倫理精神得以延續

〔註26〕彭一剛，《傳統建築文化與當代建築創新》〔J〕，《中國科學院院刊》，1997 年第 2 期，第 85～87 頁。

〔註27〕劉維彬，《建築傳統與創新問題的重新審視》〔J〕，《建築科學》，2006 年第 6 期，第 11～14 頁。

發展。

那麼如何繼承和創新呢？首先，必須認清傳統建築倫理思想與現代建築實踐之間的關係。一方面是經世代積累的、仍具有頑強的生命力的傳統倫理思想。它必然有一些會成爲新文化重要的組成部分；另一方面是人們對精神生活、風俗習慣改變的接受過程相對較慢，不像容易接受和適應物質生活的改變。所以，雖然「傳統代表過去，但從發展觀點來看，傳統又是過去的現代，現代的古代」〔註 28〕。

其次，傳統建築倫理文化與現代建築發展共存。在建築實踐中要做到傳統向現代的轉換，前提是傳統建築倫理文化的必要留存。如果傳統建築倫理文化消亡了，那麼現代建築的發展還要體現傳統建築倫理文化環境就無從談起，因而必須要有完善的措施來保護中國傳統建築倫理文化。同時，現代建築文化要想傳承傳統建築文化絕不能只對傳統資源生搬硬套，而因對傳統建築倫理文化採取批判繼承的態度。同時也要符合現代建築形式，滿足現代社會要求和人民群眾的需要，最終形成傳統建築倫理文化與現代建築的和諧共生。

再次，傳統總是要發展的，傳統的發展是一個不斷變革、不斷代謝的過程。時代是不斷變化的，有些傳統在「彼時」是「精華」，在「此時」實已轉化爲「糟粕」，已不能與現代生活相適應。既然「精華」與「糟粕」會在不同的時代條件下突破傳統局限實現轉化，我們就需要在有機結合現代科技和時代精神的基礎上，「最需要的是那種突破性的轉化力和創造力」〔註 29〕。然後抓住中國傳統建築倫理思想的精華，在建築實踐尋求突破，創造出能反映現代人的思想感情、使用要求和審美意識的建築精品。

改革開放以來，中國建築創作水平確有很大提高，人們進行了不懈的探索，主要體現如下：

一、複製和仿製傳統建築。當前復原建築和「重建」或「移址重建」的古建築在中國很多，大都是將建築遺迹或殘存的部分建築修復或恢復重建原有建築的規模。當前比較流行的古建築復原設計，許多是根據古籍記載或者建築的原始資料來復原建造或者重新修建的。如湖南長沙「太平街」（如

〔註 28〕趙豔君，《傳統建築與現代建築的交匯》〔J〕，《山西建築》，2006 年第 12 期，第 26～27 頁。

〔註 29〕趙豔君，《傳統建築與現代建築的交匯》〔J〕，《山西建築》，2006 年第 12 期，第 26～27 頁。

圖：6-3-1 長沙太平街實景圖），太平街是長沙古城保留原有街巷格局最完整的一條街，位於長沙城最繁華的五一廣場。設計者本著改造與保護相結合的思路，對部分建築加以保護和修繕。整治後的太平街歷史文化街區不僅保留了賈誼故居、長懷井、明吉藩王府西牌樓舊址、辛亥革命共進會舊址、四正社舊址等文物古迹和近代歷史遺迹，也給了乾益升糧棧、利生鹽號、洞庭春茶館、宜春園茶樓等歷史悠久的老字號注入生機。這條街有力地延續和發展了老城區原來的景觀特色，並同被保護的原有建築和諧統一。

6-3-1 長沙太平街實景圖

二、「尋找傳統建築形象中有代表性的象徵，將其抽象爲符號，局部運用於創作中」〔註30〕，或將傳統建築中具有特色的局部（形狀、色調、紋樣等）運用於現代建築中。這種創造方式借用人們熟悉的「傳統印象」，容易爲社會理解與接受，減少傳統與現代多面的矛盾，亦可引起新老建築對話。但結合的方式應自然合理，避免生搬硬套，違背建築創作的基本準則。

三、提煉消化傳統建築倫理文化，並加以現代轉化，創造新風格。傳統建築中有至今仍適用的傳統技術手段，有許多協調建築與自然的優良思想方法，還有體現人的精神需求的觀念、形式等。但是隨著時間的推移，傳統建築形式中必然存在不適應現代技術發展和生活方式變化的因素。去掉那些對現代來說不適應的因素保留傳統中的精髓部分，使其與今日的新條件相結合，這應是現代建築文化發展的必由之路。這就要求我們立足於現實生活「提煉」傳統建築文化的精華。「創新離不開傳統，只有在吸取了傳統精華的基礎之上進行大膽創新，才能設計與創造出具有地方性與歷史性傳統特徵的建築，從而使建築成爲歷史傳統文化內涵與地方特色文脈的延續和繼承」〔註 31〕。將傳統風格、傳統形式或傳統建築部件加以現代化的改造，以創造新的建築形象，營造比較高的文化品味和濃鬱的歷史感。正如極具荊風楚韻

〔註30〕 洪哲雄，《傳統文化與現代建築創新》〔J〕，《山西建築》，2008 年第 2 期，第 57～58 頁。

〔註31〕 劉維彬，《建築傳統與創新問題的重新審視》〔J〕，《建築科學》，2006 年第 6 期，第 11～14 頁。

的新武昌火車站（如圖 6-3-2 所示）。新武昌火車站在設計過程中，通過對楚文化特點的分析、提煉和昇華，並不斷地論證，最終確定了楚文化建築的「高臺」原型。這種對楚文化建築的探尋不停留於歷史的形式，而是尋找到了其「源」，並結合建築功能類型、現代技術與材料等綜合性因素，最終確定原型。車站的屋頂採用了漢代的坡頂形制（即頂上是一個面，而不是收成一條屋脊線），漢代文化本是由楚文化發展而來繼而形成一個體系，採用漢代屋頂形制不僅代表了楚文化背景，並且也符合武昌獨特的歷史文脈和地域特色。裝飾與色彩的處理上充分考慮了楚建築古樸自然的特點，很有荊楚古文化特色。此外，在材質、構造、「臺」形的屋面、雨廊構架和柱與圍欄等方面都合理地提煉融合了楚文化建築的精華，並恰當地採用了現代材料和技術來表現楚建築的風格造型。建築藝術的時代性與傳統性的關係是當代建築的熱點問題之一。時代性立足於創新，傳統性立足於繼承。沒有創新，建築文化就不能發展豐富，就會停滯不前；但創新不能脫離現實和隨心所欲，不能把隨意雜糅的「怪物」強加於社會。沒有繼承，建築文脈就會斷裂，建築的發展就不能廣泛借鑒，就會變成無源之水；但繼承不等於復古和盲目模仿，不能不分對象和不加分析地搬用古典形式。俗話說：「越是民族的，越是世界的。」對建築及其文化而言，這種民族的特性越發顯得重要，因爲不同民族的建築及其文化代表了不同的價值觀念與精神向度。

6-3-2　武昌火車新站效果圖

總之，繼承和發展中國傳統建築幾千年來的倫理文化積澱，續接傳統的一切有生命力的因子，而且以博大恢弘的包容性吸取外來的一切優秀先進成果，促成傳統與現代的交匯，創造具有時代性和民族性的建築新風格，才是中國建築迎接當今建築文化全球化趨勢挑戰，從而走向新時代，走向世界的必由之路。

6.3.2 繼承與創新時應該注意的問題

過去與現在，在中國傳統建築倫理文化的繼承與創新過程中曾經出現了很多的問題，而在未來這些問題仍可能出現，除了主觀存在的問題以外，在客觀上還存在很多的問題。比如說在一些功利目的的驅動下盲目地模仿西方、拙劣粗糙地仿製我國傳統的古建築，還有建築師的職業道德問題，建築市場中存在的長官意志問題等等。這些問題都顯得如此的棘手與迫切，急需我們以嚴正的態度加以對待和解決。

其一，延續「活的傳統」，避免「僞傳統」、「僞民俗」建築的出現。王世仁先生曾經指出，中國傳統建築的審美三層次〔註 32〕：環境——感受、造型——知覺、象徵——認識三個層次。即通過自然的條件、建築群的佈局以及音響感受建築環境美；通過建築的和諧、比例、式樣和邏輯來感知建築的造型美；至於象徵，作爲審美活動的最高層次，則需要較高的認知能力來完成。我們在繼承傳統的時候，就是要吸取中國傳統建築的神髓，比如傳統空間的情趣和倫理意蘊的無形表達等一切具有延續性的「活的傳統」。〔註 33〕其它的「僞傳統」、「僞民俗」則一定加以避免。我們在探索建築發展道路的過程中，存在的問題多多。比如在功利的驅使下有許多僞歷史、僞民俗的建築興建起來，它們極大地破壞了地區建築環境的協調性和延續性；又如某些地方追求所謂「傳統與現代的結合」，而將琉璃瓦簡單粗暴地疊加於現代建築之上，搞得不倫不類，貽笑大方。我們只有正視這些問題，找到問題的根源，才能正確的繼承和發展傳統建築文化，促進當代建築的良性發展。

其二，繼承、創新與傳統文化的不斷髮展。繼承傳統文化就是要繼承傳統文化中的精華，這就意味著傳統文化自身的不斷髮展和更新。創新是從量

〔註 32〕王世仁，《理性與浪漫的交織——中國建築美學論文集》〔M〕，北京：中國建築工業出版社，2001 年，第 147 頁。

〔註 33〕劉維彬，《建築傳統與創新問題的重新審視》〔J〕，《建築科學》，2006 年第 6 期，第 11～14 頁。

變到質變的飛躍，是對傳統的突破。如果沒有新觀點、新形式，總是翻陳年舊帳，就談不上創新。創新的方法有很多，建築實踐者可以利用新技術、新材料以及新觀念的不斷湧現來創新。當然，創新並不等於脫離傳統，脫離建築生長的環境和實際條件。創新應該是針對具體問題以理想的及嶄新的方法加以解決的結果。而建築傳統文化的更新的過程就是將適宜的建築傳統文化、生活習俗及倫理表達等傳統因素與現代的科技手段、審美需求和生活特色等現代因素相互影響、相互作用的過程。

其三，注意當前不完善的建築市場對傳統建築文化繼承與創新的衝擊。不言而喻，改革開放以來，我國的建築事業發展迅速，建築理論也日趨完善和多元化。但我國的市場經濟還處在初級階段，相關的法律制度還不健全，公平合理的競爭保障機制也尚未形成，對房地產開發和設計市場的管理還不規範。例如不少設計人員和設計單位，爲了爭取項目，追求經濟效益，不惜屈服於長官意志或者業主的不合理要求；有的設計師在規劃中爲了追求一時的經濟效益而過度地提高建築密度，完全不顧建築質量和環境和諧；有的開發商與建築商合夥勾結建豆腐渣工程；另外許多招標、投標變成了拉關係、走後門的人情和權錢交易，致使招投標失去了公平合理性。因此，這種種不利的環境影響，導致了一部分職業素養和職業道德不高的建築師根本無心沉浸於設計理念的鑽研，更不用說在設計中體現建築的民族性與傳統文化特色了。

具有悠久的歷史傳統，並且自尊處重的國家和民族是不會一味地炫耀外形，更不會以裝飾華麗的外表作爲自己的傳統。因爲傳統不在於其外在表象，而在於其內含的精神。中國傳統建築幾千年來的文化積澱，在世界建築之林獨樹一幟，面對當今建築文化全球化趨勢的挑戰，中國建築實踐者們理應肩負起中國傳統建築文化現代化的使命，應當以積極的心態加強自身修養，體驗並深入研究本民族的建築藝術文化，重視建築理論在該方面的研究發展；應當積極地發掘和繼承中國傳統建築倫理思想在當代建築實踐中的影響，認識中國傳統建築倫理文化的本質內涵，從哲學的深度來研究傳統建築倫理文化的起源、變化和發展，探索出繼承及發展創新的思路，並在波瀾壯闊的社會主義現代化進程中，設計出有強大建築理論支持的、有深刻思想內涵的優秀建築作品，促使中國建築走出一條健康的可持續發展的道路。

結語

當前，中國正處在一個經濟快速發展和社會轉型時期。不同利益階層的利己行為、弱勢群體的生存質量問題、社會及環境的可持續發展問題、代際之間的矛盾衝突和協調發展問題等都不同程度地反映在建築活動之中，加速了建築倫理研究的必要性與緊迫性。

通過該書的寫作，筆者總結中國傳統建築倫理思想，可適應於當今社會發展，主要體現在四個方面：

（一）目前，我國許多城市因行業調整、企業轉制等原因導致城市成片區域甚至整個城區衰落，特別是北方的一些老工業基地城市，因國家產業結構調整、生產資源枯竭等原因，使得城市經濟凋敝、城區面貌破敗、基礎設施失修、居住質量下降。而另一方面，城市中的一些區域則被開發成豪華商住區和花園別墅區，使城市區域間貧富反差急劇增加，社會階層的不公平心理暗示加強，社會不安定隱患明顯加劇。同時隨著經濟和市場因素在城市開發的比重越來越大，城市公共資源的不公平分配、各類商業營建及「政績工程」活動的擾民、害民事件層出不窮，等等。這些都呼喚著專業人員行使自己的倫理責任，協助政府，為社會的公正公平、健康和持續發展呼籲和尋找理論上實際可行的解決辦法。

（二）在新的歷史條件下，確立適應市場經濟發展的建築倫理原則和行為規範建築活動是一個複雜過程，包含著技術、經濟、社會、環境和藝術等多方面的內容，所以建築師不僅僅是一個技術工作者和美的創造者，還對社會和環境負有道義的責任。而此間還夾雜經濟利益的處理問題，一方面從建築學專業的本位出發，設計一個功能合理、造型優美、業主滿意的建築是建築師的本職工作；另一方面，在面對業主的利益、自身的利益與社會公正公平、環境資源的可持續利用發生衝突時，往往又處於兩難境地。建築師如何做才能兼顧眼前利益和長遠利益、局部利益和整體利益？什麼樣的建築設計和環境處理才算是符合現世道德的呢？這些困擾建築師實踐的倫理問題亟待從理論層次給予探討和解決。

（三）職業道德問題。這也是今天中國比較突出的一個問題，惟利是圖、唯「圖」是利是造成中國目前建築設計質量低下的一個重要原因。職業道德說到底是一個倫理問題，因爲除了法律和行規外，制約建築師行爲的只有倫理準則了。在違法和不違法之間有相當寬的中間地帶，同時，在道德和不道德之間也有很多事情可以做。建築師的建築活動是否以「善」作爲價值取向，對建築的最終社會效果和環境影響是有天壤之別的。所以，在當前新的社會背景下，建築師到底應確立什麼樣的職業道德，也是一個亟需探討的問題。

（四）建築的可持續發展。今天，建築可持續發展的觀點越來越深入人心，人們熱衷探討和關注的建立在材料和技術基礎上的各種類型的「可持續建築」，在理論和實踐上日益成熟和完善。但建築的可持續發展並非僅僅是一個物質和技術層面問題，還包含著深刻的社會和精神內涵，很難想像一個得不到社會認同的建築，會是一個可持續建築。因此可持續建築應是物質、精神、技術和社會等多方面內容統一和互動的結果。所以有必要從倫理角度探討建築可持續發展問題的必要性和重要意義。

可持續建築只有在可持續社會的大背景之下，才可以眞正地實現和完善。因爲建築不是單一的技術產品，其在許多情況下參與社會倫理的表述和建設，並且對人的倫理行爲有潛移默化的影響。一位西方學者（Hans Holleirn）曾說：「建築是一種由建築物來實現的精神上的秩序」。我們營建的建築環境所表達的精神秩序，是否與我們所處的社會秩序相合拍是社會可持續發展的重要因素之一。

參考文獻

一、古籍類

1.《周易》 2.《論語》 3.《孟子》 4.《荀子》
5.《道德經》 6.《莊子》 7.《二十四史》 8.《禮記》
9.《史記》 10.《詩經》 11.《漢書》 12.《説文解字》
13.《營造法式》 14.《明會典》 15.《唐六典》 16.《水經注》
17.《白虎通義》 18.《淮南子》 19.《葬經》 20.《黃帝內經》
21.《春秋繁露》

二、圖書類

1. 《馬克思恩格斯選集》〔M〕，北京：人民出版社，1995 年。
2. 梁漱溟，《中國文化要義》〔M〕，上海：學林出版社，1987 年。
3. 羅哲文，《中國古代建築》〔M〕，上海：上海古籍出版社，1990 年。
4. 戴志堅、李華珍、潘瑩，《中國民族建築概覽》〔M〕，北京：中國電力出版社，2008 年。
5. 劉敦禎，《中國古代建築史》（第二版）〔M〕，北京：中國建築工業出版社，1984 年。
6. 秦紅嶺，《建築的倫理意蘊》〔M〕，北京：中國建築工業出版社，2006 年。
7. 陳喆，《建築倫理學概論》〔M〕，北京：中國電力出版社，2007 年。
8. 劉致平，《中國居住建築簡史——城市、住宅、園林》〔M〕，北京：中國建築工業出版社，1980 年。
9. 蕭默，《中國建築藝術史》〔M〕，北京：文物出版社，1999 年。

10. 費孝通，《鄉土中國》〔M〕，上海：三聯書店，1985 年。
11. 龍慶忠，《中國建築與中華民族》〔M〕，廣州：華南理工大學出版社，1990 年。
12. 馮友蘭，《中國哲學簡史》〔M〕，北京：北京大學出版社，2000 年。
13. 沈福煦，《中國古代建築文化史》〔M〕，上海：上海古籍出版社，2001 年。
14. 沈福煦，《建築美學》〔M〕，北京：中國建築工業出版社，2007 年。
15. 亞里士多德，《形而上學》〔M〕，北京：商務印書館，1959 年。
16. 梁思成，《圖像中國建築史》〔M〕，北京：中國建築工業出版社，1991 年。
17. 梁思成，《中國建築史》〔M〕，天津：百花文藝出版社，1998 年。
18. 《梁思成文集》（第一版）〔M〕，北京：中國建築工業出版社，1985 年。
19. 李允鉌，《華夏意匠——中國古典建築設計原理分析》〔M〕，天津：天津大學出版社，2005 年。
20. 程建軍，《中國古代建築與周易哲學》〔M〕，長春：吉林教育出版社，1991 年。
21. 張岱年，《中國哲學大綱》〔M〕，北京：中國社會科學出版社，1982 年。
22. 張岱年，《中國古典哲學概念範疇要論》〔M〕，北京：中國社會科學出版社，1989 年。
23. 潘谷西，《中國建築史》〔M〕，北京：中國建築工業出版社，2003 年。
24. 馬曉宏，《天・神・人》〔M〕，北京：國際文化出版公司，1988 年。
25. 馬炳堅編，《北京四合院建築》〔M〕，天津：天津大學出版社，2001 年。
26. 崔世昌，《現代建築與民族文化》〔M〕，天津：天津大學出版社，2001 年 1 月。
27. 趙巍岩，《當代建築美學意義》〔M〕，南京：東南大學出版社，2001 年。
28. 侯幼彬主編，《中國建築美學》〔M〕，哈爾濱：黑龍江科學技術出版社，1997 年。
29. 張懷承，《天人之變——中國傳統倫理道德的近代轉型》〔M〕，長沙：湖南教育出版社，1998 年。
30. 王海明，《倫理學方法》〔M〕，北京：商務印書館，2004 年。
31. 王其亨主編，《風水理論研究》〔M〕，天津：天津大學出版社，1992 年。
32. 陳來，《宋明理學》〔M〕，瀋陽：遼寧教育出版社，1991 年。
33. 李默主編，《話說中華文明》〔M〕，廣州：廣東旅遊出版社，1997 年。
34. 陳進國，《信仰、儀式與鄉土社會——風水的歷史人學探索》〔M〕，北京：中國社會科學出版社，2005 年。
35. 蕭默編，《巍巍帝都》〔M〕，北京：清華大學出版社，2006 年。
36. 吳慶洲，《建築哲理、意向與文化》〔M〕，北京：中國建築工業出版社，2005 年。
37. 吳乃恭，《宋明理學》〔M〕，長春：吉林文史出版社，1994 年。
38. 《中國歷代文論選：第 2 冊》〔C〕，上海：上海古籍出版社，1979 年。
39. 《中國歷代文論選：第 4 冊》〔C〕，上海：上海古籍出版社，1979 年。
40. 嚴可均，《全上古三代秦漢三國六朝文》〔C〕，北京：中華書局，1958 年。
41. 唐凱麟、張懷承，《成人與成聖——儒家倫理道德精粹》〔M〕，長沙：湖南大學出版社，1999 年。
42. 張全明，《中華五千年生態文化》〔M〕，武漢：華中師範大學出版社，1999 年版。
43. 傅熹年，《中國古代建築十論》〔M〕，上海：復旦大學出版社，2004 年。
44. 程建軍，《中國古建築與周易哲學》〔M〕，長春：吉林教育出版社，1991 年。
45. 吳裕成，《中國門文化／中國文化叢書》〔M〕，天津：天津人民出版社，2004 年。
46. 王振復，《中華建築的文化歷程》〔M〕，上海：上海人民出版社，2006 年。
47. 王振復，《中國建築藝術論》〔M〕，山西：山西教育出版社，2001 年。
48. 王振復，《大地上的宇宙》〔M〕，上海：復旦大學出版社，2001 年。
49. 王振復，《建築美學筆記》〔M〕，天津：百花文藝出版社，2005 年 8 月。
50. 王貴祥，《東西方的建築空間：傳統中國與中世紀西方建築的文化闡釋》〔M〕，天津：百花文藝出版社，2006 年。
51. 成中英，《論中西哲學精神》〔M〕，上海：東方出版中心，1991 年。
52. 李澤厚、劉綱紀，《中國美學史》（第 2 卷）〔M〕，北京：中國社會科學出版社，1987 年。
53. 鄧曉芒、易中天，《黃與藍的交響——中西美學比較論》〔M〕，北京：人民文學出版社，1999 年。
54. 陳志堅，《雷州石狗》〔M〕，廣州：廣東人民出版社，2006 年。
55. 鶴平，《中華門墩石藝術》〔M〕，天津：百花文藝出版社，2007 年。
56. 潘魯生，《民藝學論綱》〔M〕，北京：北京工藝美術出版社，1998 年。
57. 林嘉書，《土樓與中國傳統文化》〔M〕，上海：上海人民出版社，1995 年。

58. 湯德良，《屋名頂實・中國建築・屋頂》〔M〕，瀋陽：遼寧人民出版社，2006 年。
59. 朱貽庭，《中國傳統倫理思想史》〔M〕，上海：華東師範大學出版社，2004 年。
60. 宋希仁，《西方倫理思想史》〔M〕，北京：中國人民大學出版社，2004 年。
61. 《中國建築文化研究文庫》〔M〕，武漢：湖北教育出版社，2004 年。
62. 彭一剛，《建築空間組合論》〔M〕，北京：中國建築工業出版社，1983 年。
63. 賀業矩，《中國古代城市規劃史論從》〔M〕，北京：中國建築工業出版社，1986 年。
64. 賀業矩，《中國城市建設史》〔M〕，北京：中國建築工業出版社，1982 年。
65. 余東升，《中西建築美學比較研究》〔M〕，臺北：洪葉文化事業有限公司，1995 年。
66. 劉天華，《中西建築藝術比較》〔M〕，臺北：洪葉文化事業有限公司，1997 年。
67. 李先逵，《中國傳統民居與文化・第五輯》〔M〕，北京：中國建築工業出版社，1997 年。
68. 王立全，《走向有機空間——從傳統嶺南庭園到現代建築空間》〔M〕，北京：中國建築工業出版社，2004 年。
69. 湯頌主，《社會學概論》〔M〕，北京：中國經濟出版社，1999 年。
70. 李道增，《環境行爲學概論》〔M〕，北京：清華人學出版社，2000 年。
71. 劉先覺，《現代建築理論》〔M〕，北京：中國建築工業出版社，2000 年。
72. 王其鈞，《中國傳統建築文化系列叢書・中國傳統建築雕飾》〔M〕，北京：中國電力出版社，2009 年。
73. 王魯民，《中國古典建築文化探源》〔M〕，上海：同濟大學出版社，1997 年。
74. （古羅馬）維特魯威著，高履泰譯，《建築十書》〔M〕，北京：知識產權出版社，2001 年。
75. （美）卡斯滕・哈里斯著，申嘉、陳朝暉譯，《建築的倫理功能》〔M〕，北京：華夏出版社，2001 年。
76. （美）馬斯洛，《人的動機理論》〔M〕，北京：中國建築工業出版社，1998 年。
77. （美）阿摩斯・拉普卜特著，常青、張昕譯，《文化特性與建築設計》

〔M〕，北京：中國建築工業出版社，2004年。

78. （美）克里斯托弗亞歷山大著，高亦蘭等譯，《建築模式語言》〔M〕，北京：中國建築工業出版社，1989年。
79. L. Mumford著，倪文彥、宋俊嶺譯，《城市發展史：起源、演變和前景》〔M〕，北京：中國建築工業出版社，1989年。
80. （德）海德格爾，《築·居·思》〔M〕，武漢：華中師範大學出版社，1992年。
81. （意）塞維，張以贊譯，《建築空間論》〔M〕，北京：中國建築工業出版社，1988年。
82. （日）茂木計一郎，《中國民居研究——中國東南地方居住空間探討》〔M〕，臺北：南天書局，1991年。
83. （日）蘆原義信，尹培桐譯，《外部空間設計》〔M〕，北京：中國建築工業出版社，1985年。
84. （德）黑格爾，朱光潛譯，《美學》〔M〕，北京：商務印書館，2009年。

三、期刊類

1. 羅茂功，《色彩在中國古典建築中的應用》〔J〕，《科技信息》（學術研究），2007年第16期。
2. 王強、張威、王濤，《傳統禮教思想對中國古代建築色彩的影響》〔J〕，《天津大學學報》（社會科學版），2002年第3期。
3. 張全明，《中國傳統建築色彩的文化涵義》〔J〕，《長江建設》，2001年第4期。
4. 李士龍，《中國古代建築的文化折射》〔J〕，《求是學刊》，1996年第5期。
5. 竇今翔，《中國古代建築形式美的分析》〔J〕，《中國房地產》，2002年第8期。
6. 馬蜂，《中國古代建築與人文教化》〔J〕，《北京科技大學學報》（社會科學版），1999年第4期。
7. 劉芳，《建築色彩與社會意識形態》〔J〕，《同濟大學學報》（社會科學版），2000年第1期。
8. 宋寅，《中國古代建築屋頂及其曲線的藝術》〔J〕，《中國房地產》，2002年第10期。
9. 黃萬金，《以西方爲鏡子看中國古典建築》〔J〕，《當代建設》，2003年第6期。
10. 王麗君、宋魁彥，《中國古代建築室內色彩的演變》〔J〕，《傢具與室內裝飾》，2007年第6期。

11. 王強、張威，《傳統禮教思想對中國古代建築色彩的影響》〔J〕，《天津大學學報》（社會科學版），2002 年第 3 期。
12. 李長春、尹暉，《中國古代建築設計與傳統文化思想》〔J〕，《鄭州輕工業學院學報》（社會科學版），2006 年第 3 期。
13. 鍾健，《從五色理論看中國傳統的用色現象》〔J〕，《蘇州科技學院學報》（社會科學版），2006 年第 3 期。
14. 何陽、唐星明，《「大象無形」與傳統道器思想研究》〔J〕，《西華師範大學學報》（哲學社會科學版），2006 年第 2 期。
15. 謝筱冬、唐長安，《中國傳統裝飾中的方圓觀》〔J〕，《藝術探索》，2006 年第 3 期。
16. 潘知常，《中國美學的思維取向》〔J〕，《南京大學學報》，2002 年第 1 期。
17. 布正偉，《建築語言的原生屬性與特徵》〔J〕，《新建築》，2000 年第 3 期。
18. 余陽，《東西方建築原型之比較分析》〔J〕，《福建建築》，2001 年第 4 期。
19. 李曉鋒、周均清，《信息技術影響下建築空間的新發展》〔J〕，《建築師》，2008 年第 8 期。
20. 李冰，《淺談中國傳統建築的空間理論對當代建築設計的影響》〔J〕，《廣西城鎮建設》，2007 年第 11 期。

四、論文類

1. 白晨曦，《天人合一：從哲學到建築》〔D〕，中國社會科學院，2003 年。
2. 溫玉清，《二十世紀中國建築史學研究的歷史、觀念與方法》〔D〕，天津大學，2006 年。
3. 閆凱，《北京太廟建築研究》〔D〕，天津大學，2004 年。
4. 梁航琳，《中國古代建築的人文精神》〔D〕，天津大學，2004 年。

圖片來源

第二章　中國傳統建築倫理思想的理論探究

2-1-1　原始巢居發展示意圖（《中國古代建築史》）

2-1-2　原始穴居發展示意圖（《中國古代建築史》）

2-1-3　河圖洛書示意圖（易經網 http://www.yj111.net/）

2-1-4　河圖洛書合一圖（易經網 http://www.yj111.net/）

2-1-5　五行相生相剋圖
（http://www.mscience.org/m/user_content.aspx 敘 id=232186）

2-1-6　安徽黟縣的西遞村和宏村
（安徽黟縣門戶網站 http://www.yixian.gov.cn/）

2-1-7　福州開元寺阿育王石柱（福州開元寺 http://www.fzkys.com/）

2-2-1　宮門（昵圖網 http://www.nipic.com/）

2-2-2　北京天壇（百度圖片）

2-2-3　明靖江王府復原圖
（靖江王陵網站 http://www.mingwangling.com/home/home.htm）

2-2-4　清恭王府（《清恭王府折檔彙編》）

2-2-5　中山市詹園（《廣州古代建築攝影》）

2-2-6　山西靈石縣王家大院
（建築圖庫 http://www.gdcic.net/photo/Default.aspx）

第三章　中西方傳統建築倫理思想比較

3-1-1　土耳其索菲亞大教堂（國家攝影網 http://np.zgjrw.com/）

3-1-2 德國科隆大教堂（國家攝影網 http://np.zgjrw.com/）
3-1-3 德國霍亨索倫城堡（國家攝影網 http://np.zgjrw.com/）
3-1-4 希臘神廟（互動百科 http://www.hudong.com/）
3-1-5 應縣木塔（《中國古代建築史》）
3-1-6 中國河姆渡遺址早期干闌式建築（古建築圖片庫 http://www.lib.tju.edu.cn/training/exchange/jianzhu/gjtp.htm）
3-2-1 法國凡爾賽宮（http://bbs.newssm.com.cn/dispost.asp 敘 boardid=32&postid=3956&page=0）
3-3-1 貴陽市北天主堂（《貴陽老照片》）
3-3-2 南京大學金陵園（南京大學 http://www.nju.edu.cn/cps/site/newweb/foreground/）
3-3-3 英國布萊頓皇家穹頂宮外景（《MOOK 經典之旅——英國》）
3-3-4 英國布萊頓皇家穹頂宮的宴會廳（《MOOK 經典之旅——英國》）

第四章 中國傳統建築的倫理內核——禮的維護

4-1-1 中國古代城市佈局示意圖（《中國古代建築基址規模研究》）
4-1-2 北京故宮（導遊中國 http://www.iuchina.cn/index.html）
4-1-3 北京故宮太和殿（導遊中國 http://www.iuchina.cn/index.html）
4-1-4 北京四合院（《中國古代建築史》）
4-1-5 北京天壇的宮門的鋪首與門釘（phptotime：http://pt.tuke.com/）
4-1-6 抱鼓石（《中國古代建築歷史圖說》）
4-1-7 石獅（《中國古代建築裝飾・雕刻》）
4-2-1 廡殿頂墨線圖（《中國建築史》）
4-2-2 泰安岱廟天貺殿（泰安人民政府門戶網站：http://www.taian.gov.cn/）
4-2-3 懸山頂（《中國建築史》）
4-2-4 硬山頂馬頭牆（《中國古代建築史》）
4-2-5 日本法起寺三重塔的攢尖頂（互動百科 http://www.hudong.com/）
4-2-6 歷代屋吻獸線描圖（《中國建築美學》）
4-2-7 清景陵皇貴妃園寢宮門屋頂（建築圖庫 http://www.gdcic.net/photo/Default.aspx）
4-2-8 南禪寺大殿轉角斗拱（phptotime：http://pt.tuke.com/）
4-2-9 洛書與五行相剋圖（易經網 http://www.yj111.net/）

4-2-10 河圖與五行相生圖（易經網 http://www.yj111.net/）
4-3-1 新石器的彩陶罐（互動百科 http://www.hudong.com/）
4-3-2 徽雕方板（http://www.mycollect.net/trade/show-219927-2.html）

第五章 中國傳統建築的價值追求——天地人合一

5-1-1 商代地圖（歷史圖庫 http://www.zglis.com/）
5-1-2 河圖（易經網 http://www.yj111.net/）
5-1-3 北京天壇祈年殿（古建築圖片庫 http://www.lib.tju.edu.cn/training/exchange/jianzhu/gjtp.htm）
5-2-1 建築風水（《中國古代建築史》）
5-2-2 蘇州拙政園（《中國古代建築史》）

第六章 中國傳統建築倫理思想總評

6-3-1 長沙太平街（《長沙味道》）
6-3-2 武昌新車站（武昌火車站 http://www.wchcz.cn/）